한자한문교육총서 34

한문 正譚

-교과서 속의 단문·산문·한시 이야기-

원주용 최미선 김수완 편저

傳統文化研究會

원주용

성균관대 한문학과 박사 졸업
성균관대 유학대학원 동양문화고급과정 주임교수
전통문화연구회 강사

최미선

성균관대 한문교육과 졸업
강원도 평원중학교 교사

김수완

성균관대 한문교육과 졸업
서울 한영중학교 교사

※표지 이미지 출처: OpenAI의 DALL·E를 통해 생성된 이미지(2025)

머리말

2025년에 교육부 교시 제2022-33호에 근거한 한문 교과서가 새롭게 출시되었다. 출시된 교과서에는 短文에서 名文에 이르기까지 다양한 내용들이 수록되어 있다.

이 책은 2022년 개정 고등학교와 2015년 개정 고등학교에 실린 내용들을 통합한 것이며, 2015년도 이전에 나온 교과서나 기타 내용 중에서 보완할 필요가 있다고 생각되는 것들도 보충하여 수록하였다. 그리고 교과서에 실린 내용 중에서 지면의 한계상 생략한 부분들 중에 의미상 필요하다고 판단된 내용을 보완하여 함께 실어두었다.

번역은 최대한 直譯을 위주로 하였으며, 문장의 구조와 패턴은 傳統文化硏究會에서 출간하고 있는 《漢文讀解捷徑》시리즈를 참조하여 제시하였다.

이 책이 나올 수 있기까지 여러 모로 배려해 주신 전통문화연구회 연구원님, 그리고 함께 작업을 진행한 최미선, 김수완 선생께도 감사드린다.

모쪼록 이 책이 한문 공부에 관심 있는 분들에게 조금이나마 도움이 되었으면 한다.

2025년 2월 龜山 기슭에서
元周用 謹書

목차

일러두기

1. 본서는 현행 중고등학교 한문 교과서에 실려 있는 예문을 수록하고, 보충설명을 붙였다.
2. 본문에 사용한 주요 부호는 다음과 같다.

〈예문〉

> 1-1 積功之塔 不墮
>
> 【훈음】 墮 무너지다 휴
>
> 공을 〈들여〉 쌓은 탑은 무너지지 않는다.[1]
>
> → 정성을 다한 일은 그 결과가 헛되지 않음.
>
> 【출처】 00교육
>
> 1 積功之塔 不墮 : 비슷한 문장으로 '積功成塔 終亦不崩'도 있다.

① 단문은 문장의 맨 앞에, 그 이외의 문장은 제목에 일련번호를 달아주었다. 1-1은 1장의 1번째 문장을 의미한다.

② 글자에 대한 설명이 필요한 경우 원문 아래에 '【훈음】' 표시를 삽입하고, 그 옆에 글자의 훈과 음을 달았다.

③ 보충이 필요한 번역문에는 '→(화살표)' 표시 후 보충 설명을 달았다.

④ 각주 표시는 번역문에 삽입하였다. 白文부터 독해하고 번역문을 학습하게 하려는 저자의 의도이다.

⑤ 원문의 교과서 출처는 번역문 아래에 '【출처】' 표시 뒤에 표기하였다.

⑥ 【 】 부호의 뜻은 다음과 같다.

– 【佛】: 불교 용어

– 【道】: 도교 용어

– 【白】: 대화체

4. 그 외 주요 부호는 다음과 같다.

" ": 대화, 인용

' ': 재인용, 강조

( ): 간단한 주석

《 》: 서명

〈 〉: 편장명, 작품명, 보충역

〔 〕: 관용구, 참고 원문

1. 단문

선인들은 주옥같은 옛글을 통해 자신을 돌아보고 다른 사람과의 조화로운 삶의 방식을 찾으려고 노력하였다. 이러한 노력으로 터득한 선인들의 오랜 경험과 지혜가 담긴 단문은 오늘을 사는 우리에게 올바른 삶의 자세와 바람직한 가치관을 형성하는 데 좋은 길잡이가 될 것이다.

여기에 실린 단문은 속담, 격언, 명언, 명구를 모은 것이다.

1) 인생의 교훈과 처세

1-1 積功之塔 不墮

【훈음】 墮 무너지다 휴

공을 〈들여〉 쌓은 탑은 무너지지 않는다.[1]

→ 정성을 다한 일은 그 결과가 헛되지 않음.

1-2 不經一事 不長一智

【훈음】 經 경험하다 경

한 가지 일을 경험하지 않으면 하나의 지혜가 자라지 않는다.

→ 아무리 작은 일이라도 경험을 해야 한 가닥의 지혜라도 늘어날 수 있다.

1-3 久而不已 則必至于有成

【훈음】 已 그치다 이

오래 하여 그치지 않으면 반드시 성공에 이른다.

1-4 自重其身者 人不敢輕之

【훈음】 重 소중하다 중

스스로 그 자신을 소중히 여기는 사람은 다른 사람이 감히

---

1 積功之塔 不墮 : 비슷한 문장으로 '積功成塔 終亦不崩'도 있다.

그를 가벼이 여기지 못한다.

1-5 勤爲無價之寶 愼是護身之符

【훈음】 符 부적 부

부지런함은 값을 매길 수 없는 보배이고, 신중함은 몸을 보호해 주는 부적이다.

1-6 改過遷善 革舊自新 不踐斯語 汝棄汝身

【훈음】 革 고치다 혁　踐 실천하다 천

허물을 고쳐 선으로 옮겨가고 옛것을 고쳐 스스로 새로워진다. 이 말을 실천하지 않는다면, 네가 너의 몸을 버리는 것이다.

1-7 莫見乎隱 莫顯乎微 故君子愼其獨也

【훈음】 見 드러날 현

감춰진 것보다 드러나는 것이 없고 작은 것[2]보다 나타나는 것이 없다. 그러므로 군자는 그 혼자 있을 때를 삼간다.

1-8 破山中賊易 破心中賊難

산속의 도적을 깨뜨리기는 쉬워도, 마음속의 도적을 깨뜨리기는 어렵다.

→ 외적인 어려움보다 자신의 속에 있는 나쁜 마음을 이겨내기 어렵다.

---

2 隱微 : 마음을 의미함.

1-9 苟日新 日日新 又日新

【훈음】 苟 진실로 구

진실로 어느 날에 새로워졌거든, 나날이 새롭게 하고, 또 날로 새롭게 하라.[3]

1-10 吾日三省吾身 爲人謀而不忠乎 與朋友交而不信乎 傳不習乎

【훈음】 謀 꾀하다 모

나는 날마다 나 자신을 세 가지로 살피니, '남을 위하여 일을 도모함에 정성을 다하지 않았는가? 친구와 더불어 사귐에 믿음이 있게 하지 않았는가? 전하여 받은 것을 익히지[4] 않았는가?'이다.

1-11 及時當勉勵 歲月不待人

【훈음】 勵 힘쓰다 려

때에 미쳐 응당 힘써야 하니, 세월은 사람을 기다리지 않는다.

1-12 前事之不忘 後事之師也

앞일을 잊지 않음은 뒷일의 스승이다.

---

3 **苟日新……又日新**: 중국 殷나라 湯임금이 대야에 위 글귀를 새겨 두고, 자신의 행동을 날마다 돌아보고 잘못을 고쳐 어진 정치를 펴고자 했다는 이야기에서 유래한다.

4 **傳**: 스승에게서 가르침으로 전하여 받은(배운) 것.

1-13 智者 成之於順時 愚者 敗之於逆理

지혜로운 사람은 때를 따르는 데에서 성공하고, 어리석은 사람은 이치를 거스르는 데에서 실패한다.

1-14 三日之程 一日往 十日臥

【훈음】 程 길 정

사흘 길을 하루만 가고 열흘 눕는다.

→ ① 일을 처음부터 너무 급히 서두르면 도리어 더디게 된다.

② 성미가 게을러서 일을 도저히 이루지 못한다.

1-15 窮人之事 飜亦破鼻

【훈음】 飜 뒤로 자빠지다 번

곤궁한 사람의 일은 뒤로 넘어져도 코가 깨진다.

→ 일이 안 되려면 하는 모든 일이 잘 안 풀리고 뜻밖의 큰 불행도 생김.

1-16 輕當矯之以重 急當矯之以緩

【훈음】 矯 바로잡다 교 緩 느릴 완

경박함은 마땅히 진중함으로 고쳐야 하고, 조급함은 마땅히 느긋함으로 고쳐야 한다.

1-17 一日之狗 不知畏虎

하룻[5]강아지가 범을 두려워할 줄을 모른다.
→ 철없이 함부로 덤빔.

1-18 瓜田不納履 李下不正冠

【훈음】 納 신다 납 履 신 리

오이밭에서 신을 들여 신지 않고, 자두나무 아래서 갓을 바르게 하지 않는다.

2) 인간관계와 소통

1-19 一語傷人 痛如刀割

【훈음】 割 벨 할

한마디 말이 남을 상하게 하는 것은 아프기가 칼로 베는 것과 같다.
→ 말로 주는 상처를 가볍게 여겨서는 안 된다.

1-20 去語固美 來語方好

가는 말이 진실로 고와야 오는 말이 바야흐로 좋다.
→ 남에게 말을 좋게 하여야 남도 자기에게 좋게 말한다.

1-21 我腹旣飽 不察奴飢

---

5 一日: '하릅'으로, '두릅'·'세습'·'나릅'·'다습'·'여습'·'이릅'·'구릅'·'여릅' 등과 같이 짐승의 나이를 세는 관련 단어.

내 배가 이미 부르면 종의 굶주림은 살피지 않는다.

→ ① 좋은 형편이나 좋은 처지에 있는 사람은 남의 딱한 사정을 알지 못한다.

② 이기심을 경계해야 한다.

1-22 二人同心 其利斷金 同心之言 其臭如蘭

【훈음】 利 날카롭다 리 臭 냄새 취

두 사람이 마음을 같이 하면 그 날카로움이 쇠를 끊고, 마음을 같이 하는 말은 그 향기가 난초와 같다[6].

1-23 附耳之言 勿聽焉

【훈음】 附 붙다 부

귀에 붙이고 하는 말은 듣지 말라.

1-24 防民之口 甚於防水

백성의 입을 막는 것은 물을 막는 것보다 심하다.

1-25 內不足者 其辭煩 心無主者 其辭荒

【훈음】 煩 번거롭다 번 荒 거칠다 황

안이 넉넉하지 않은 사람은 그 말이 번잡하고, 마음에 주관이 없는 사람은 그 말이 거칠다.

→ 내면이 견고하지 못한 사람일수록 해신이 없고 정리되지 않은 말을 하는 경향이 있다.

---

6 二人同心……其臭如蘭 : 金蘭之交와 같다.

1-26 有餘者 常譽人 不足者 常毁人

【훈음】 譽 기리다 예　毁 비방하다 훼

여유로운 사람은 항상 남을 칭찬하고, 모자란 사람은 항상 남을 비방한다.

1-27 無道人之短 無說己之長

【훈음】 道 말하다 도

남의 단점을 말하지 말고 자신의 장점을 말하지 말라.

1-28 孩兒之言 宜納耳門

【훈음】 孩 어린아이 해　宜 마땅하다 의

어린아이[7]의 말이라도 마땅히 귀에 받아들여야 한다.

→ 어린아이의 말이라도 일리가 있을 수 있으므로 귀담아들어야 한다.

1-29 良藥苦於口 利於病 忠言逆於耳 利於行

좋은 약은 입에 쓰나 병에 이롭고, 충직한 말은 귀에 거슬리나 행동에 이롭다.

1-30 隨友適江南

【훈음】 隨 따르다 수　適 가다 적

---

7 孩兒: 어린아이.

친구를 따라 강남[8]으로 간다.

→ 하고 싶지 않으나 남에게 끌려서 덩달아 하게 됨.

1-31 海內存知己 天涯若比隣

【훈음】 涯 끝 애

세상에 자기를 알아주는 사람[9]이 있다면 하늘 끝에 있더라도 이웃[10]과 같다.

1-32 以勢交者 勢傾則絶 以利交者 利窮則散

【훈음】 傾 기울다 경 窮 다하다 궁 散 흩어지다 산

권세로써 사귄 사람은 권세가 기울어지면 끊어지고 이익으로써 사귄 사람은 이익이 다하면 흩어진다.

1-33 寧測十丈水深 難測一丈人心

【훈음】 寧 차라리 녕 測 헤아리다 측

차라리 열 길[11] 물 깊이는 헤아릴 수 있으나 한 길 사람 마음은 헤아리기 어렵다. → 사람의 속마음은 알기가 매우 어려움.

1-34 與其視人 寧自視 與其聽人 寧自聽

8 江南 : 중국의 양자강 이남 지역을 이르는 말로, 흔히 '남쪽의 먼 곳'이라는 뜻으로 쓰인다.

9 知己 : 자기의 속마음을 참되게 알아주는 친구.

10 比鄰 : 이웃.

11 丈 : 길이의 단위. '한 길'은 사람의 키 정도의 길이.

남을 보는 것 보다는 차라리 자신을 봄이 낫고,[12] 남에게 듣는 것 보다는 차라리 자신에게 들음이 낫다.

1-35 白沙在泥 不染自黑

【훈음】泥 진흙 니

흰 모래가 진흙에 있으면 물들이지 않아도 저절로 검어진다.

1-36 古之言 朋友者 或稱第二吾

옛말에 친구는 제2의 나라고 일컫기도 했다.

3) 욕심과 이기심 경계

1-37 騎馬 欲率奴

【훈음】率 거느리다 솔

말을 타면 종을 거느리고자 한다.
→사람의 욕심은 끝이 없다.

1-38 己所不欲 勿施於人

자기가 하고 싶지 않은 것을 남에게 베풀지 말라.
→ 남과 나를 동일한 기준으로 대해야 한다.

1-39 忍一時之忿 免百日之憂

---

12 與其A 寧B : A보다 차라리 B가 낫다

【훈음】 忿 성내다 분

한 때의 분함을 참으면, 백일의 근심을 면한다.

1-40 得寵思辱 居安慮危

【훈음】 寵 총애 총

종애를 받거든 욕됨을 생각하고, 편안하게 살 때는 위태로움을 생각하라.

1-41 不燃之突 煙不生

【훈음】 燃 불타다 연 突 굴뚝 돌

불을 때지 않은 굴뚝에서는 연기가 나지 않는다.

→ 원인이 없으면 결과가 있을 수 없음.

1-42 不戒竊鍼 盜牛心生

【훈음】 竊 훔치다 절 鍼 침 침

바늘을 훔치는 것을 경계하지 않으면, 소를 훔치려는 마음이 생긴다.

1-43 顔淵問仁 子曰克己復禮爲仁

안연이 인에 대해 묻자 공자가 말하였다. "자기를 이기고 예로 돌아가는 것[13]이 인이다."

---

13 克己復禮 : 자기의 욕심을 이기고 예를 실천함. 여기서 己는 '私慾'이다.

1-44 待有餘而後濟人 必無濟人之日

【훈음】 濟 구제하다 제

여유가 있기를 기다린 뒤에 남을 구제하려면 결코 남을 구제할 날이 없다.

1-45 農夫餓死 枕厥種子

【훈음】 餓 굶주리다 아　枕 베다 침

농부는 굶어 죽더라도 그 씨앗을 베고 눕는다(죽는다).

→ ① 자신이 맡은 일에 최선을 다하는 책임 의식이 강한 사람.

② 어리석고 인색한 사람은 죽고 나면 재물이 소용없음을 모름.

4) 배움과 학문의 자세

1-46 有志者 事竟成也

뜻이 있는 사람은 일이 마침내 이루어진다.

→ 이루고자 하는 의지가 있는 사람은 반드시 성공한다.

1-47 謂學不暇者 雖暇亦不能學矣

【훈음】 暇 겨를 가

배울 겨를이 없다고 말하는 사람은 비록 겨를이 있더라도 배울 수 없다.

1-48 博學之 審問之 愼思之 明辨之 篤行之

【훈음】 審 살피다 심 辨 분별하다 변 篤 확실하고 정확하다 독

널리 이것을 배우고, 자세하게 이것을 묻고, 신중하게 이것을 생각하고, 밝게 이것을 분별하고, 독실하게 이것을 행한다.

1-49 凡讀書 必熟讀一冊 盡曉義趣 貫通無疑 然後 乃改讀他書

【훈음】 熟 익숙하다 숙 曉 깨닫다 효 趣 뜻 취 貫 꿰뚫다 관

무릇 책을 읽음에는 반드시 한 책을 익숙히 읽어서[14] 뜻과 취지[15]를 완전히 이해하여 훤히 알고[16] 의심스러운 것이 없게 하고 그런 뒤에 비로소 바꾸어 다른 책을 읽는다.

1-50 勿謂堅 磨則穿 志於學 奚不然

【훈음】 磨 갈다 마 穿 뚫다 천 奚 어찌 해

단단하다 말하지 마라. 갈면 뚫린다. 학문에 뜻을 둠이 어찌 그렇지 않겠는가?

1-51 才俊人 宜學恭謹 聰明人 宜學沈厚

【훈음】 俊 뛰어나다 준 沈 침착하다 침

재주가 뛰어난 사람은 공손함과 삼감을 배워야 하고, 총명한

14 熟讀 : 익숙하게 읽다.

15 義趣 : 뜻과 취지(趣旨).

16 貫通 : 모두 이해하고 훤히 앎.

사람은 침착함과 중후함[17]을 배워야 한다.

1-52 慕而學之 則雖不得其實 亦庶幾矣

【훈음】 慕 사모하다 모 庶 거의 서

사모하여 그것을 배운다면 비록 그 실상을 다 얻지는 못하더라도 또한 거의 〈그 경지에〉 가까워질[18] 것이다.

1-53 三人行 必有我師焉

세 사람이 길을 가면 거기에[19] 반드시 내 스승이 있다.

1-54 學而時習之 不亦說乎

【훈음】 說 기쁘다 열

배우고 때때로 그것을 익히면 또한 기쁘지 않은가[20]?

1-55 一士讀書 澤及四海 功垂萬世

【훈음】 澤 은혜 택 垂 드리우다 수

한 선비가 책을 읽으면 은택이 온 세상[21]에 미치고 공이 만세[22]에 전해진다.

---

17 沈厚 : 순박하고 진중함.

18 庶幾 : 비슷함. 근사함. 가까움.

19 焉 = 於之 : 거기에.

20 不亦A乎 : 또한 A하지 않은가?

21 四海 : 온 세상

22 萬世 : 아주 오랜 세대

1-56 青取之於藍而青於藍

【훈음】 **藍 쪽풀 람**

청색은 쪽[23]풀에서 취했으나 쪽풀보다 푸르다.

1-57 君子食無求飽 居無求安 敏於事而愼於言 就有道而正焉 可謂好學也已

군자가 먹을 때 배부르기를 구하지 않고, 거처할 때 편안하기를 구하지 않으며, 일에 민첩하고 말에 신중하며, 도 있는 이에게 나아가서 바로잡는다면, 배우기를 좋아한다고 이를 만하다.

5) 덕과 선행

1-58 積善之家 必有餘慶 積不善之家 必有餘殃

【훈음】 **慶 경사 경　殃 재앙 앙**

선을 쌓은[24] 집안에는 반드시 남는 경사[25]가 있고, 불선을 쌓은 집안에는 반드시 남는 재앙이 있다.

→ 선한 일을 많이 쌓으면 후손들까지 복이 미치고, 악한 일을 많이 쌓으면 후손들에게 재앙이 미친다.

---

23 **藍**: 쪽. 잎이 푸른 물을 들이는 염료로 쓰이는 식물.

24 **積善**: 선을 쌓음. → ① 착한 일을 많이 함. ② 동냥질에 응하는 일을 좋게 이르는 말.

25 **餘慶**: 남는 경사. → 남에게 좋은 일을 많이 한 보답으로 뒷날 그 자손이 받는 경사.

1-59 施恩勿求報 與人勿追悔

【훈음】 **與** 주다 **여** **悔** 후회 **회**

은혜를 베풀었으면 보답을 구하지 말고 남에게 주었으면 후회하지[26] 마라.

1-60 富潤屋 德潤身

【훈음】 **潤** 빛내다 **윤**

부는 집을 빛나게 하고, 덕은 몸을 빛나게 한다.

1-61 滿招損 謙受益

【훈음】 **滿** 교만 **만** **謙** 겸손하다 **겸**

교만은 손해를 부르고, 겸손은 이익을 받는다.

1-62 德不孤 必有鄰

덕은 외롭지 않아 반드시 이웃이 있다.

→ 덕이 있는 사람은 반드시 따르는 사람이 있다.

1-63 十飯一匙 還成一飯

【훈음】 **飯** 밥 **반** **匙** 숟가락 **시** **還** 다시 **환**

열 그릇의 밥에서 한 숟갈씩 〈모으면〉 다시 한 그릇의 밥이 된다.

→ 여러 사람이 조금씩 힘을 합하면 한 사람을 돕기 쉬움.

---

26 追悔: 후회함.

1-64 凡一家之人 務相雍睦

【훈음】 雍 화목하다 옹 睦 화목하다 목

무릇 한 집안의 사람들은 서로 화목[27]에 힘써야 한다.

1-65 其心和平 則家內吉善之事 必集

그 마음이 화평하면 집안에 길하고 좋은 일들이 반드시 모일 것이다.

1-66 見義不爲 無勇也

의로움을 보고도 행동하지 않는 것은 용기가 없는 것이다.

6) 운명과 세상의 이치

1-67 天不生無祿之人 地不長無名之草

【훈음】 祿 복 록

하늘은 복 없는 사람을 내지 않고, 땅은 이름 없는 풀을 기르지 않는다.

→ 세상에 나서 자라는 모든 것은 저마다의 가치를 가지고 있음.

1-68 陰地轉 陽地變

27 雍睦 : 화목함.

음지가 바뀌어 양지로 변한다.

→ 항상 운이 좋거나 항상 운이 나쁜 사람은 없다.

1-69 轉禍而爲福 因敗而成功

화가 바뀌어 복이 되고, 실패함으로 인하여 공을 이룬다.

1-70 鳥久止 必帶矢

【훈음】 **帶** 차지하다 **대**

새가 오래 머물면 반드시 화살을 맞는다.

→ 편하다고 계속 머물면 반드시 화를 당한다.

1-71 右手畫圓 左手畫方 不能兩成

오른손으로 원을 그리면서 왼손으로 네모를 그리면, 둘 다 이룰 수 없다.

→ ① 상반되는 두 가지 일을 한꺼번에 할 수 없다.
② 도저히 일어날 수 없는 불가능한 일.

1-72 太山不讓土壤 故能成其大 河海不擇細流 故能就其深

【훈음】 **讓** 사양하다 **양** **壤** 흙 **양**

태산[28]은 〈적은〉 흙을 사양하지[29] 않으므로 그 거대함을 이

---

28 **太山 = 泰山** : 중국의 다섯 명산인 오악(五嶽) 중의 하나로, 산동성(山東省)에 있다.

29 **讓** : '讓'이 '辭'로 기록된 책도 있음.

룰 수 있고, 황하[30]와 바다는 작은 물줄기를 가리지 않으므로 그 깊음을 이룰 수 있다.

→ 태산은 작은 흙덩어리라도 거부하지 않고 포용(包容)하여 큰 산이 되었고, 황하와 바다도 가는 물줄기를 모두 받아들여 큰 물이 되어 있다는 뜻으로, 사람도 마음을 크고 넓게 가져 어떠한 사람이라도 받아들여야만 큰 인물이 될 수 있다.

1-73 君者舟也 庶人者水也 水則載舟 水則覆舟

【훈음】 **覆** 뒤집히다 **복**

임금은 배요, 백성[31]은 물이다. 물은 배를 띄우기도 하고 물은 배를 뒤집기도 한다.

1-74 人無遠慮 必有近憂

사람이 멀리 생각하지 않으면, 반드시 가까운 근심이 생긴다.

1-75 邦有道 貧且賤焉 恥也 邦無道 富且貴焉 恥也

나라가 도가 있을 때 가난하고 천한 것이 부끄러운 일이며, 나라가 도가 없을 때 부유하고 귀한 것이 부끄러운 일이다.

1-76 樹欲靜而風不止 子欲養而親不待

나무는 고요하고자 하나 바람이 그치지 않고, 자식은 봉양

---

30 河 = 黃河 : 중국의 강 이름.

31 庶人 = 庶民 : 백성.

하고자 하나 어버이는 기다려주지 않는다.

1-77 不入虎穴 不得虎子

호랑이 굴에 들어가지 않으면 호랑이를 얻을 수 없다.

→ 목적을 달성하려면 그만한 위험을 감수해야 한다.

1-78 雖有忙心 線不繫鍼

【훈음】 **忙** 바쁘다 **망** **繫** 매다 **계** **鍼** 침 **침**

비록 바쁜 마음이 있어도 실을 바늘에 매어 쓸 수 없다.

→ 아무리 급해도 순서를 밟아서 일해야 한다.

7) 공동체와 협력

1-79 一手獨拍 雖疾無聲

【훈음】 **拍** 치다 **박** **疾** 빠르다 **질**

한 손으로 홀로 쳐서는 비록 빠르더라도 소리가 없다.

→ 함께 해야 이룰 수 있는 일은 혼자서 아무리 애써도 이루기 어렵다.

1-80 與益者居 則學日明 而業日 與損者處 則名自卑 而身自賤

유익한 사람과 지내면 배움이 날로 밝아지고 학업이 날로 진보하며, 해로운 사람과 지내면 이름이 저절로 낮아지고 몸이 저절로 천하게 된다.

1-81 人必自侮然後 人侮之

【훈음】 侮 업신여기다 모

사람은 반드시 스스로 업신여긴 뒤에 남이 그를 업신여긴다.

1-82 戰戰兢兢 如臨深淵 如履薄氷

【훈음】 戰 떨다 전 兢 떨다 긍 履 밟다 리

두려워서 벌벌 떨며[32] 조심하기를[33], 깊은 연못에 가까이 가는 것과 같이 하고, 얇은 얼음을 밟는 것과 같이 해야 한다.

1-83 他山之石 可以攻玉

【훈음】 攻 다듬다 공

다른 산의 돌이라도 〈나의〉 옥을 다듬을 수 있다.

1-84 凡鄕之約四 一曰德業相勸 二曰過失相規 三曰禮俗相交 四曰患難相恤

【훈음】 規 바로잡다 규 恤 구휼하다 휼

무릇 마을의 약속[34]은 넷이니, 첫째는 '덕을 쌓는 일은 서로

---

32 戰戰 : 몹시 두려워서 벌벌 떪.

33 兢兢 : 삼가고 두려워함.

34 鄕之約 = 鄕約 : 조선 시대에, 권선징악과 상부상조를 목적으로 만든 향촌의 자치 규약.

권하는 것'을 말하고, 둘째는 '허물과 잘못은 서로 바로잡아 주는 것'을 말하며, 셋째는 '예속[35]으로 서로 교류하는 것'을 말하고, 넷째는 '근심과 어려움에서 서로 구휼하는 것'을 말한다.

1-85 積金以遺子孫 未必子孫能盡守 積書以遺子孫 未必子孫能盡讀 不如積陰德於冥冥之中 以爲子孫之計也

돈을 모아 자손에게 남겨준다 하여도 자손이 반드시 다 지킬 수는 없으며, 책을 모아서 자손에게 남겨 준다 하여도 자손이 반드시 다 읽는다고 볼 수 없다. 깜깜한 밤[36]에 陰德[37]을 쌓아서 자손을 위한 계교로 삼는 것만 못하다.

1-86 孝順還生孝順子 忤逆還生忤逆兒 不信但看簷頭水 點點滴滴不差移

【훈음】 **還** 다시 **환** **簷** 처마 **첨** **滴** 물방울 **적**

효도하고 순한 사람은 다시 효도하고 순한 자식을 낳으며, 부모에게 거역한[38] 사람은 다시 거역하는 아들을 낳는다. 믿지 못하겠거든 저 처마 끝의 낙수를 보라. 방울방울 떨어짐이 어긋남[39]이 없다.

---

35 **禮俗**: 예의범절에 맞는 풍속.

36 **冥冥**: 깜깜함.

37 **陰德** = **陰騭**. **陰惠**: 남모르게 행하는 덕행.

38 **忤逆**(거스르다 오) = **仵逆**: 거역함. 거스름.

39 **差移**: 어긋남. 틀림.

1-87 欲量他人 先須自量 傷人之語 還是自傷 含血噴人 先汚其口

【훈음】 還 도리어 환 噴 뿜다 분

타인을 헤아리고자 한다면 먼저 스스로를 반드시 헤아려라. 남을 해치는 말은 도리어 스스로를 해치는 것이니, 피를 머금어 남에게 뿜으면 먼저 자기의 입이 더러워진다.

1-88 凡戱無益 惟勤有功

【훈음】 凡 모두 범

모든 놀이는 무익하고, 오직 근면만이 功이 있다.

1-89 知足者貧賤亦樂 不知足者富貴亦憂

만족할 줄 아는 사람은 가난하고 천하여도 즐거울 것이요, 만족할 줄 모르는 사람은 富하고 貴하여도 역시 근심한다.

1-90 安分身無辱 知幾心自閑 雖居人世上 却是出人間

【훈음】 分 분수 분 幾 조짐 기 却 도리어 각

분수에 편안하면 몸에 욕됨이 없을 것이요, 기미를 알면 마음이 저절로 한가할 것이다. 비록 인간 세상에 살더라도 도리어 인간 세상을 벗어나는 것이다.

1-91 富貴如將智力求 仲尼年少合封侯 世人不

解青天意 空使身心半夜愁

【훈음】 將 가지다 장

부귀를 만약 지혜를 가지고 구할 수 있다면, 孔子[40]도 젊은 나이에 제후에 봉해졌을 것이다.[41] 세상 사람들은 푸른 하늘의 뜻을 알지 못하고, 부질없이 몸과 마음으로 하여금 한 밤중까지 근심하게 한다.

1-92 膽欲大而心欲小 知欲圓而行欲方

담력은 크고자 하되 마음가짐은 섬세하고자 하고, 지혜는 원만하고자 하되 행동은 방정하고자 하라.

1-93 寧無事而家貧 莫有事而家富 寧無事而住茅屋 不有事而住金屋 寧無病而食麤飯 不有病而服良藥

【훈음】 麤 거칠다 추

차라리 아무 사고 없이 집이 가난할지언정 사고 있으면서 집이 부유하지 말 것이요, 차라리 사고 없이 나쁜 집[42]에서 살지언정 사고 있으면서 좋은 집[43]에 살지 말 것이요, 차라리 병이 없이 거친 밥을 먹을지언정 병이 있어 좋은 약을 먹지 말 것이다."

---

40 仲尼: 孔子의 字.

41 封侯: 제후에 봉함.

42 茅屋(띠 모) = 茅堂·茅棟·茅廬·茅寮·茅舍·茅室·茅庵·茅廠·茅軒: 띠로 지붕을 인 집. 자기 집에 대한 겸칭.

43 金屋: 화려하고 아름다운 집.

1-94 人性如水 水一傾則不可復 性一縱則不可反 制水者 必以堤防 制性者 必以禮法

【훈음】 縱 방종하다 종 以(=用) 쓰다 이

사람의 성품은 물과 같아서 물이 한 번 기울어지면 회복할 수 없고 성품이 한 번 방종해지면 바로 돌이킬 수 없을 것이니, 물을 제어하는 것은 반드시 둑[44]을 사용하고 성품을 제어하는 것은 반드시 예법을 하여야 한다.

1-95 得忍且忍 得戒且戒 不忍不戒 小事成大

참을 수 있으면 또 참고, 경계할 수 있으면 또 경계하라. 참지 않고 경계하지 않으면 작은 일이 크게 된다.

1-96 愚濁生嗔怒 皆因理不通 休添心上火 只作耳邊風 長短家家有 炎涼處處同 是非無實相 究竟摠成空

【훈음】 休 말라 휴 作(=爲) 하다 작 摠 모두 총

어리석고 멍청한 자가 성을 내는 것은 다 이치를 알지 못하기 때문이다. 마음 위에 화를 더하지 말고 다만 귓전을 스치는 바람결로 여겨라. 장점과 단점은 집집마다 있고 따뜻하고 싸늘한 것은 곳곳마다 같다. 是非란 본래 실상[45]이 없어서 마침내[46]

44 堤防(둑 제, 방) = 堤堰 : 둑.

45 實相 : 【佛】 우주만물의 眞相이나 본연의 상태. 실제의 내용이나 모습.

46 究竟 : 끝까지 다함. 마침. 결국.

는 모두가 다 헛것이 된다.

1-97 屈己者能處重 好勝者必遇敵

자기를 굽히는 자는 중요한 지위에 처할 수 있고, 이기기를 좋아하는 사람은 적을 만난다.

1-98 惡人罵善人 善人摠不對 不對心淸閑 罵者口熱沸 正如人唾天 還從己身墜

【훈음】 **罵** 꾸짖다 **매** **摠** 모두 **총** **沸** 끓다 **비** **唾** 침을 뱉다 **타**
還 도리어 **환**

악한 사람이 착한 사람을 꾸짖거든 착한 사람은 모두 대꾸하지 마라. 대꾸하지 않는 사람은 마음이 맑고 한가롭고, 꾸짖는 자는 입에 불이 붙는 것처럼 뜨겁게 끓는다. 바로 사람이 하늘에 침을 뱉으면 도리어 자기 몸에 떨어지는 것과 같다.[47]

1-99 凡事留人情 後來好相見

모든 일에 人情을 남기면 뒷날[48] 좋게 서로 보게 된다.

---

47 正如: 바로 ~와 같다.

48 後來: 늦게 옴. 나중에.

2. 한시

漢詩는 산문과 달리 언어의 배열에 일정한 규율을 가진 韻文이다. 규율을 지켜야 하기 때문에 말이 간략할 수밖에 없다. 시인은 이러한 규율 속에서 비유와 상징 등의 함축적 기법을 사용하여 자신이 전달하고자 하는 내용을 표현하고 있다. 한시에 담겨 있는 풍부한 표현미와 선인들의 숨결을 통해 선인들이 자연, 인간의 삶 등을 어떻게 표현했는지 살펴 볼 수 있을 것이다.

여기에 실린 한시는 중국과 한국의 근체시를 모은 것이다.

2-1 春曉[1] 봄의 새벽

맹호연孟浩然[2]

春眠不覺曉 봄잠에 새벽인 줄 몰랐는데

處處聞啼鳥 여기저기서 새소리[3] 들려온다.

夜來風雨聲 밤새[4] 비바람 소리에

花落知多少 꽃잎 떨어진 것이 얼마[5]일까?

【훈음】 **曉** 새벽 **효** **啼** 울다 **제**

【출처】 미래엔, 동아출판

---

1 **春曉**: 따뜻한 봄날, 새소리에 잠에서 깨어 밤사이 내린 비에 떨어졌을 꽃잎을 떠올리며 지나가는 봄을 아쉬워하는 마음을 담았다. 새소리와 빗소리를 대비하여 봄에 대한 감상을 표현하였다.

2 **孟浩然**: 689~740. 중국 당나라의 시인.

3 **啼鳥**: 우는 새 → 새의 울음소리.

4 **夜來**: 밤부터 내내.

5 **多少**: 얼마나.

2-2 山中問答[6] 산속에서 묻고 답하다

이백李白[7]

問余何意棲碧山 나에게 묻기를, 무슨 일로 푸른 산에 사는가?
笑而不答心自閑 웃으며 대답하지 않아도 마음은 절로 한가하네.
桃花流水窅然去 복숭아 꽃잎 물에 흘러 아득히[8] 떠내려가니
別有天地非人間 따로 있는 천지이지[9] 인간 세상[10]이 아니라네.

【훈음】 棲 살다 서 碧 푸르다 벽 窅 그윽하다 요

【출처】 미래엔, YBM, 대학서림

---

6 山中問答 : '桃花'는 이곳이 무릉도원 같은 이상향임을 나타내는데, 명예와 이익을 좇느라 분주한 속세와는 전혀 달리 한가롭고 즐거운 은거의 삶이 있음을 소박한 문답의 형식으로 아름답게 그려 냈다.

7 李白 : 701~762. 중국 당나라의 시인.

8 窅然 : 멀고 깊은 모양.(= 杳然)

9 別有天地 = 別有人間 : 俗界와 동떨어져 있는 별다른 세계.

10 人間 : 인간 세상, 속세.

2-3 黃鶴樓送孟浩然之廣陵

황학루[11]에서 맹호연이 광릉[12] 가는 것을 전송하다

이백李白

故人西辭黃鶴樓 벗[13]을 서쪽 황학루에서 이별하니
煙花三月下揚州 안개에 꽃 피는[14] 3월에 양주로 내려가네.
孤帆遠影碧空盡 외로운 배[15] 먼 모습이 푸른 하늘[16]로 사라지고
唯見長江天際流 오직 하늘 끝[17]에 흐르는 장강[18]만 보이노라.

【훈음】 辭 이별하다 사 下 내려가다 하 帆 돛 범 盡 사라지다 진

【출처】 장원교육

---

11 **黃鶴樓**: 중국 호북성을 흐르는 양자강에 있는 누각. 악양루, 등왕각과 함께 강남의 3대 누각의 하나로 꼽힘.

12 **廣陵**: 양주의 옛날 이름. 중국 강소성에 있는 도시로 당시 가장 번화했음.

13 **故人**: 친구.

14 **煙花**: 안개 속의 꽃. 아름다운 봄 경치.

15 **孤帆**: 한 척의 돛단배.

16 **碧空**: 푸른 하늘.

17 **天際**: 하늘 끝.

18 **長江**: 양자강을 다르게 부르는 말.

2-4 絶句[19] 절구

두보杜甫[20]

江碧鳥逾白　강이 푸르니 새는 더욱 희고
山青花欲燃　산이 푸르니 꽃이 불타는 듯하네.
今春看又過　올봄도 보건대 또 지나가니
何日是歸年　어느 날이 〈고향에〉 돌아갈 해인가?

【훈음】 碧 푸르다 벽　逾 더욱 유　燃 타다 연

【출처】 다락원, 비상교육

---

19 絶句 : 원래 제목이 없던 것을 후대 사람들이 4구로 이루어진 시의 형식을 빌려 '絶句'라 이름 붙였다. 이 시는 唐나라 대표 시인 杜甫(712~770)가 53세 때 安祿山의 난을 피해 고향을 떠나 외지에서 피난살이를 하다가 지은 작품으로, 기구와 승구에서는 아름다운 봄날의 경치를 색채의 대비를 통해 시각적으로 묘사하고 전구와 결구에서는 고향에 가고 싶은 시인의 마음을 애절하게 표현하였다.

20 杜甫 : 712~770. 중국 당나라의 시인.

2-5 春望 봄에 바라보며

두보杜甫

國破山河在 나라가 파괴되었으나 산과 강은 그대로 있고
城春草木深 성안 봄이 오니 풀과 나무는 우거졌구나.
感時花濺淚 시절을 느껴 보니[21] 꽃이 눈물을 흩뿌리게 하고
恨別鳥驚心 이별을 한탄하니 새들은 마음을 놀라게 하도다.
烽火連三月 전쟁[22]이 3달이나 이어지니
家書抵萬金 집의 편지는 만금에 해당하네.
白頭搔更短 흰머리는 긁으니 더욱 짧아져
渾欲不勝簪 다 모아도 비녀조차 이기지 못할 듯 하도다.

【훈음】 濺 흩뿌리다 천 抵 이르다 저 搔 긁다 소 更 더욱 갱
渾 구차스럽게 획득하다 혼 簪 비녀 잠

【출처】 대학서림

---

21 感時 : 계절의 변천이나 時勢의 변화에 감회를 느낌.

22 烽火 : 나라에 병란이나 사변이 있을 때 신호로 올리는 불. 전쟁.

2-6 江南逢李龜年 강남 땅에서 다시 만난 이귀년[23]

두보杜甫

岐王宅裏尋常見 왕[24]의 댁 안에서 여러 번[25] 보았고
崔九堂前幾度聞 최구[26]의 대청 앞에서 몇 번[27]이나 들었던가?
正是江南好風景 정말이지[28] 강남 풍경 중 가장 좋다는
落花時節又逢君 꽃 지는 시절에 그대 다시 만났구려.

【출처】 박영사

23 李龜年 : 당나라 현종(玄宗) 때의 유명한 악사였다. 두보는 이전에도 그의 연주를 들었던 경험이 있다. 난리로 인해 영락한 채 떠도는 이귀년을 다시 만난 시인의 반갑고도 착잡한 심정을 짐작할 수 있다.

24 岐王 : 당나라 현종의 아우.

25 尋常 : 늘, 여러 번.

26 崔九 : 당 현종 때의 관리.

27 幾度 : 몇 번.

28 正是 : 정말~이다.

2-7 題都城南莊[29] 도성 남쪽의 농장에서 지음

최호崔護[30]

去年今日此門中 지난해[31] 오늘 이 문에서
人面桃花相映紅 사람 얼굴과 복사꽃이 서로 붉게 비추었네.
人面不知何處去 사람 얼굴은 어느 곳으로 갔는지 모르겠으나
桃花依舊笑春風 복사꽃만 예전같이[32] 봄바람에 웃는구나.

【훈음】 **題** 쓰다 **제** **莊** 별장 **장** **映** 비치다 **영**

【출처】 다락원

---

29 **題都城南莊**: 어느 해 청명절 도성 남쪽으로 놀러 갔다가 발견한 복숭아꽃이 만발한 농장에서 갈증이 나 대문을 두드리니 한 아가씨가 문을 열어 물을 가져다주었는데, 아가씨를 잊지 못해 이듬해 다시 그 농장을 찾은 작자는 아가씨를 만나지 못했고, 아쉬움에 이 시 한 수를 적어 놓고 자리를 떠났다.

30 **崔護**: 772~846. 중국 당나라의 시인.

31 **去年** = **去歲. 昨年. 前年**: 지난해.

32 **依舊** = **依然**: 예전과 다름이 없음. 예전 그대로임.

2-8 題西林壁 서림사[33]의 벽에 쓰다

소식蘇軾[34]

橫看成嶺側成峯 횡으로 보면[35] 고개를 이루다가 옆에서 보면 봉우리가 되어

遠近高低無一同 원근과 고저에 따라 하나도 같은 모습이 없네.

不識廬山眞面目 여산이 진면목을 알지 못한은

只緣身在此山中 단지 자신이 산속에 있기 때문이네.

【훈음】 嶺 고개 령 側 곁 측 低 낮다 저 緣 때문 연

【출처】 천재교육

---

33 西林 : 西林寺. 중국 廬山에 있는 사찰.

34 蘇軾 : 1037~1101. 중국 北宋시대의 시인. 자는 자첨(子瞻)이고 호는 동파거사(東坡居士)이다. 흔히 소동파(蘇東坡)라고 부른다. 문장에 능해 당송팔대가(唐宋八大家)의 한 사람으로 손꼽힌다.

35 橫看 : 산을 가로로 길게 봄.

2-9 蠶婦 누에 치는 아낙네

장유張俞[36]

昨日入城市 어제 도성[37]에 들어갔다가
歸來淚滿巾 돌아와서 눈물이 수건에 흥건하네.
徧身羅綺者 온몸[38]에 비단[39]을 두른 사람이
不是養蠶人 누에친 사람은 아니었다네.

【훈음】 蠶 누에 잠 淚 눈물 루 徧 두루 편 羅 비단 라
綺 비단 기

【출처】 장원교육, 박영사

36 張俞 : ?~?. 중국 北宋시대의 시인.

37 城市 : 도성. 서울.

38 徧身 : 온몸.

39 羅綺 : 무늬가 새겨진 고급 비단.

2-10 送人[40] 당신을 떠나보내고

정지상鄭知常[41]

雨歇長堤草色多 비 그친 긴 둑에 풀색은 짙은데

送君南浦動悲歌 남포[42]에서 그대 보내니 슬픈 노래가 울려 퍼지네.

大洞江水何時盡 대동강 물은 언제나 다하려나?

別淚年年添綠波 이별의 눈물이 해마다 푸른 물결에 더해지는구나.

【훈음】 歇 그치다 헐 堤 둑 제 多 짙다 다 浦 물가 포
動 울리다 동 淚 눈물 루

【출처】 다락원, YBM, 동아출판, 장원교육

---

40 送人 : 우리나라 이별시의 백미로, 대동강 남쪽 나룻가의 풀빛 짙은 언덕을 배경으로 임을 떠나보내는 애절한 마음을 아름다운 자연에 대비하여 이별의 슬픔을 고조시킨다.

41 鄭知常 : ?~1135. 고려 인종 때의 문신·시인. 당대의 최고 시인으로 손꼽힐 만큼 시에 뛰어났다.

42 南浦 : 대동강의 포구로, 이 시에서는 '이별을 상징하는 장소'로 쓰였다.

2-11 山莊雨夜 산장의 비 내리는 밤

고조기高兆基[43]

昨夜松堂雨	어젯밤 송당[44]에 비가 내려
溪聲一枕西	시냇물 소리 베개 서쪽이 울리더니,
平明看庭樹	새벽녘[45] 뜰의 나무를 보니
宿鳥未離栖	자던 새는 아직도 둥지를 뜨지 않았네.[46]

43 高兆基 : ?~1157. 고려 중기의 문신.

44 松堂 : 솔숲 속에 있는 집. 唐 鄭谷의 〈喜秀上人相訪詩〉에 "他夜松堂宿 論詩更入微"라고 하였다.

45 平明 = 平早. 平曉 : 새벽. 날이 밝을 무렵.

46 栖 = 棲

2-12 山居 산에 살다

이인로李仁老[47]

春去花猶在	봄은 가도 꽃은 아직 있고
天晴谷自陰	하늘은 갰건만 골짜기는 절로 그늘지네.
杜鵑啼白晝	〈밤에 우는〉 두견[48]이 한낮에도 우니
始覺卜居深	비로소 깨닫노라, 깊은 골에 사는 줄[49]을.

---

47 李仁老 : 1152~1220. 고려 명종시대의 문신, 학자이자 시인으로 자는 미수(眉叟)이고 호는 쌍명재(雙明齋)이다. 저서로 《파한집(破閑集)》 등이 있다.

48 杜鵑 = 杜宇. 子規 : 두견이. 蜀王 杜宇의 넋이 化身한 새라고 한다. 늦봄과 초여름에 밤낮으로 우는데 그 소리가 애절하다.
두견새는 뻐꾸기의 일종으로 싱그럽고 구성지게 주로 낮에 노래한다면, 소쩍새는 올빼미를 닮은 놈으로 가엽고 애처로운 울음을 야밤에 울어댄다

49 卜居 = 卜室. 卜地. 卜宅 : 살 곳을 점쳐서 정함. 살 만한 곳을 골라서 정함.

2-13 種花[50] 꽃을 심으며

이규보李奎報[51]

種花愁未發　꽃을 심을 때에는 피지 않을까 걱정하고
花發又愁落　꽃이 피면 또 떨어질까 근심하네.
開落摠愁人　피고 지는 것은 모두 사람을 근심스럽게 하니
未識種花樂　꽃 심는 즐거움을 알지 못하겠네.

【훈음】 種 심다 종　摠 모두 총

【출처】 YBM

---

50 種花 : 꽃이 피어도 근심, 꽃이 져도 근심이지만 그래도 다시 꽃을 심고 있는 자신을 노래하고 있다.

51 李奎報 : 1168~1241. 고려 중기의 문신·문인. 자는 춘경(春卿)이고 호는 백운거사(白雲居士)·백운산인(白雲山人)이며, 시호는 문순(文順)이다. 저서로 《동국이상국집(東國李相國集)》 등이 있다.

2-14 詠井中月 우물 속의 달을 읊다

이규보李奎報

山僧貪月色 산속 스님이 달빛을 탐하여
并汲一甁中 하나의 물 항아리 속에 함께 길었네.
到寺方應覺 절에 이르러서야 비로소 응당 깨달으리
甁傾月亦空 항아리를 기울면 달 또한 비는 것을.

【훈음】 并 함께 **병** 汲 물긷다 **급** 甁 항아리 **병** 傾 기울다 **경**

【출처】 대학서림

2-15 鏡浦泛舟 경포에 배 띄우고

안축安軸[52]

雨晴秋氣滿江城 비 갠 가을 기운 강 마을[53]에 가득한데
來泛扁舟放野情 〈경포호에〉와서 조각배 띄우고 시골 정취[54] 즐기네.
地入壺中塵不到 땅은 병 속[55]에 드니 먼지가 이르지 않고
人遊鏡裏畫難成 사람은 거울 속에 노니니 그리기 어렵네.
煙波白鳥時時過 안개 물결 위에 흰 새 때때로 지나가고
沙路靑驢緩緩行 백사장 길 푸른 나귀 천천히 걸어가네.
爲報長年休疾棹 이르노니 뱃사공[56]은 노를 빨리 젓지 마라
待看孤月夜深明 외로운 달이 깊은 밤에 밝기를 기다려 봐야지.

【훈음】 放 멋대로하다 방

---

52 安軸: 1282~1348. 자는 당지(當之)이고 호는 근재(謹齋)이다. 저서로 《근재집(謹齋集)》이 있다.

53 江城: 강가에 있는 도시나 성곽.

54 野情: 자연을 벗삼아 세상일에 구속받지 않는 한가로운 마음.

55 壺中 = 壺中天: 항아리 속에 있는 신기한 세상이라는 뜻으로, 별천지·별세계·선경(仙境) 따위를 이르는 말.

56 長年 = 長年三老: 뱃사공. 혹은 뱃사공을 장년, 노 젓는 사람을 삼로라 하기도 한다.

2-16 春興 봄날의 흥취

정몽주鄭夢周[57]

春雨細不滴 봄비가 가늘어 방울지지 않더니
夜中微有聲 밤중에 희미하게 소리 들리네.
雪盡南溪漲 눈 녹아 남쪽 시내가 불었는데
草芽多少生 풀의 싹이 얼마나[58] 돋아났을까?

【훈음】 滴 방울지다 적 微 희미하다 미 漲 불어나다 창
芽 싹 아

【출처】 장원교육

57 鄭夢周: 1337~1392. 고려 말의 문신, 외교관, 유학자이다. 초명은 몽란(夢蘭)·몽룡(夢龍)이다. 자는 달가(達可)이고 호는 포은(圃隱)이며, 시호는 문충(文忠)이다.

58 多少: 얼마나

2-17 征婦怨 남편을 전쟁터에 보낸 아내의 원망

정몽주鄭夢周

一別年多消息稀 한번 이별한 뒤로 여러 해 소식이 드무니[59]

塞垣存歿有誰知 변방[60]에서 살았는지 죽었는지 누가 알겠는가?

今朝始寄寒衣去 오늘 아침에야 비로소 겨울옷을 부치오니

泣送歸時在腹兒 〈옷을 가지고 가는 사람은〉 울며 보내고 돌아올 때 배 속에 있던 아이라오.[61]

---

59 **稀**: 稀(평성 微), 知(평성 支)로 通韻. 일부 수구용운의 한시에서 수구의 압운에 다른 운을 쓰는 경우가 있는데 이를 通韻이라고 한다. 이러한 통운은 모든 운이 다 호환되지는 않는다. 계열이 비슷한 隣韻끼리만 통운되었는데(東/冬/江, 蕭/肴/豪 등), 후대로 갈수록 통운을 꺼리는 경향이 강해졌다. 예) 支, 微, 齊, 佳, 灰

60 **塞垣**: 萬里長城. 변경의 城. 북쪽의 변경지역.

61 **泣送歸時在腹兒**: 軍役이 얼마나 길었으면 배 안의 아이가 다 크도록 돌아오지 않은 상황을 묘사한 것이다.

2-18 訪金居士野居 김거사[62]의 시골집을 찾아가다

정도전鄭道傳[63]

秋陰漠漠四山空 구름 낀 가을[64] 하늘은 아득하고 온 산은 비었는데
落葉無聲滿地紅 낙엽은 소리 없이 온 땅을 붉게 물들이네.
立馬溪橋問歸路 시냇가 다리에 말을 세우고 돌아갈 길 묻는데
不知身在畫圖中 내 몸이 그림 속에 있는 줄 몰랐네.

【훈음】 漠 아득하다 막

【출처】 비상교육

62 居士 : 숨어 살며 벼슬하지 않는 선비.

63 鄭道傳 : 1342~1398. 고려 말 조선 초의 문신이자 유학자, 혁명가이다. 본관은 봉화이며 자는 종지(宗之), 호는 삼봉(三峯), 시호는 문헌(文憲)이다.

64 秋陰 : 구름 낀 가을 하늘.

2-19 臨死絶命詩 죽음에 임하여 지은 시

성삼문成三問

擊鼓催人命 북을 울리며 사람의 목숨 재촉하는데
回頭日欲斜 머리를 돌리니 해가 지려고 한다.
黃泉無一店 황천[65]길에는 주막 하나 없다는데
今夜宿誰家 오늘밤은 누구 집에서 잘까?

【훈음】 **催** 재촉하다 **최** **店** 가게 **점**

2-20 示子方 친구 자방에게 보여주다

임억령林億齡

古寺門前又送春 오래된 절 문 앞에서 다시 봄을 보내는데
殘花隨雨點衣頻 남은 꽃잎 비를 따라 옷에 자주 아롱지네.
歸來滿袖淸香在 돌아와도 소매 가득 맑은 향기 남아 있어
無數山蜂遠趁人 수많은 산벌들이 멀리까지 따라오네.

【훈음】 **點** 점을 찍다, 맞히다 **점** **趁** 뒤따르다 **진**

---

65 黃泉 : 저승.

2-21 白馬江[66] 백마강

홍춘경洪春卿[67]

國破山河異昔時 나라 망하고 산과 물이 옛날과 다른데
獨留江月幾盈虧 홀로 강에 머물렀던 달 몇 번이나 차고 기울었나?

落花巖上花猶在 낙화암 위의 꽃은 아직도 남았으니(피어있으니)
風雨當年不盡吹 비바람[68] 그 당시에 다 불어 떨어뜨리지 못하였네.[69]

---

66 白馬江: 지금의 충청남도 부여군을 지나는 금강(錦江)의 하류 구간을 부르는 이름이다. '백강(白江)'이라고도 한다.

67 洪春卿: 1497~1548. 조선 전기의 문신. 자는 명중(明仲)이며 호는 석벽(石壁)이다. 좌승지, 한성부우윤, 이조참의 등을 역임하였다.

68 風雨: 바람과 비. 시련이나 고난을 비유하는 말.

69 風雨當年不盡吹: 시련 속에서도 꽃이 그대로 피어 있음을 뜻한다.

2-22 泣別慈母 눈물 흘리며 어머니와 이별하다

신사임당申師任堂

慈親鶴髮在臨瀛 백발[70]의 어머니 강릉[71]에 계시온데,
身向長安獨去情 이 몸 홀로 서울로 떠난다.
回首北村時一望 고개 돌려 고향 마을 바라볼 제
白雲飛下暮山青 흰 구름 나는 아래 저무는 산만 푸르다.

2-23 相思夢[72] 님을 그리워하는 꿈

황진이黃眞伊

相思相見只憑夢 그리워도 만날 길은 다만 꿈에 의지할 뿐
儂訪歡時歡訪儂 내가 님 찾았을 때 님도 나를 찾아 왔네.
願使遙遙他夜夢 바랍니다, 아득한[73] 다른 날 밤 꿈에는
一時同作路中逢 동시에 같이 움직여 길 가운데서 만나기를.

【훈음】 **憑** 의지하다 **빙**　**歡** 애인에 대한 호칭 **환**

---

70 **鶴髮**: 흰 머리.

71 **臨瀛**(바다 영): 강릉의 옛 지명.

72 **相思夢**: 이 시는 임을 그리는 여인의 애틋한 정을 그린 **戀情詩**이다.

73 **遙遙**: 시간이 길을 형용하는 말.

2-24 以母酒一盆送于家

모주[74] 한 동이를 집에 보내며

유희춘柳希春[75]

雪下風增冷	눈 내린 채 바람 불어 냉기 더해지니
思君坐冷房	찬 방에 앉아 있을 당신 생각하네.
此醪雖品下	이 모주가 비록 품질이 하급이나
亦足煖寒腸	또한 찬 속 데울만 할 것이요.

【훈음】 醪 막걸리 료

---

74 母酒 : 술을 거르고 남은 찌끼. 술지게미에 한약 재료를 넣어 만든 술.

75 柳希春 : 1513~1577. 조선의 문신. 자는 인중(仁仲)이고 호는 미암(眉巖)이다. 저서로 《미암일기》 등이 있다.

2-25 夫人和詩 부인이 화답하는 시

송덕봉宋德峰[76]

菊葉雖飛雪　국화 잎에 비록 눈이 날리지만
銀臺有煖房　〈당신 계신〉 은대[77]에는 따스한 방에 있겠지요?
寒堂溫酒受　차가운 방에서 따스한 술을 받으니
多謝感充腸　속을 채울 수 있어 정말 고마워요.

---

76 宋德峰 : ?~1578. 柳希春의 부인이며 여류시인. 아내의 역할을 다 하면서 남편의 잘못을 꾸짖는 등 남편과 동등한 위치를 고수했던 여성이다.

77 銀臺 : 조선시대의 承政院을 달리 이르는 말.

2-26 山寺夜吟 산사에서 밤에 읊다

정철鄭澈[78]

蕭蕭落木聲　우수수[79] 낙엽 지는 소리에
錯認爲疎雨　성근 비라고 착각했네.[80]
呼僧出門看　스님 불러 문을 나가 보게 했더니
月掛溪南樹　달이 시내 남쪽 나무에 걸려 있다네

【훈음】 掛 걸다 괘

78 鄭澈 : 1536~1593. 조선의 시인, 문신, 학자이다. 자는 계함(季涵)이고 호는 송강(松江)·칩암거사(蟄菴居士)이며 시호는 문청(文淸)이다. 저서로 《송강가사(松江歌辭)》 등이 있다.

79 蕭蕭 : 초목이 흔들려 떨어지는 소리.

80 錯認 : 착각함.

2-27 花石亭 석화정

이이李珥[81]

林亭秋已晩　숲속 정자에 가을이 이미 깊으니
騷客意無窮　시인[82]의 생각 끝없이 일어나네.
遠水連天碧　멀리 보이는 저 물빛은 하늘과 연하여 푸르고
霜楓向日紅　서리 맞은 단풍은 햇볕 받아 붉구나.
山吐孤輪月　산은 외로운 달을 토해 내고
江含萬里風　강은 만 리 바람을 머금었네.
塞鴻何處去　변방 기러기는 어디로 가는가.
聲斷暮雲中　저녁 구름 속으로 소리 사라지네.

---

81 李珥: 1536~1584. 조선의 문신이자 성리학자이다.

82 騷客: 시인.

2-28 月溪途中 월계 가는 길에

유희경劉希慶[83]

山含雨氣水生煙 산은 비 기운 머금고 물에서는 안개가 생기고
青草湖邊白鷺眠 푸른 풀이 〈우거진〉 호숫가엔 백로가 잠을 자네.
路入海棠花下轉 길이 해당화 아래로 굽이져 돌아드니
滿枝香雪落揮鞭 가지 가득 향긋한 하얀 꽃[84]들이 휘두른 채찍[85]에 떨어지네.

---

83 劉希慶: 1545~1636. 조선의 시인. 자는 응길(應吉)이며 호는 촌은(村隱)이다. 저서로 《촌은집(村隱集)》이 있다.

84 香雪: 흰 꽃. 매화.

85 揮鞭(휘두르다 휘): 채찍을 휘두름.

2-29 途中憶癸娘[86] 여행길에 계랑을 그리워하며

유희경劉希慶

一別佳人隔楚雲 한 번 가인과 헤어져 아득히 떨어지니[87]
客中心緖轉紛紛 나그네 심사[88] 갈수록 어지럽기만 하네.
靑鳥不來音信斷 파랑새[89]도 아니 오고 소식[90]조차 끊어지니
碧梧凉雨不堪聞 벽오동의 처량한 빗소리 차마 못 듣겠네.

---

86 **途中憶癸娘**: 이 시는 유희경이 계랑(매창)이라는 부안의 기생과 헤어진 뒤, 그녀를 그리워하는 정을 담은 戀詩이다.

87 **隔楚雲**: 멀리 떨어져 있음.

88 **心緖**: 생각. 마음. 心情.

89 **靑鳥**: 전설적인 선녀인 西王母의 사신으로, '보통 임금의 사신, 소식을 전한다'는 뜻하는 말로 쓰인다. 漢나라 班固의 《漢武故事》에 "홀연히 푸른 새 한 마리가 서방에서 날아와 전각 앞에 내려앉자, 상이 동방삭에게 물으니, 동방삭이 서왕모가 오려는 모양이라고 대답하였는데, 과연 얼마 뒤에 서왕모가 도착하였다.〔忽有一靑鳥從西方來 集殿前 上問東方朔 朔曰 此西王母欲來也 有頃 王母至〕"라는 말이 나온다.

90 **音信**: 소식. 편지.

2-30 閨怨[91] 홀로 남은 저녁

이매창李梅窓[92]

離懷悄悄掩中門 이별의 맘 하도 슬퍼[93] 중문[94]까지 닫아거니
羅袖無香滴淚痕 비단 소매 향기 없고 눈물[95] 자국뿐이라네.
獨處深閨人寂寂 홀로 있는 깊은 규방에 인적은 간데없고
一庭微雨鎖黃昏 온 뜰에 보슬비[96]는 황혼마저 가리누나.

【훈음】 悄 근심하다 초 羅 비단 라 袖 소매 수 痕 자취 흔
寂 고요하다 적 鎖 잠그다 쇄

【출처】 박영사

---

91 閨怨 : 시인은 이별이 너무 슬퍼 문을 꼭꼭 걸어 잠근 채 소매가 흥건하도록 울었다. 홀로 남은 저녁, 뜰 가득 내리는 보슬비 속에 날이 저문다. 망연자실한 모습과 착잡한 심정이 구절마다 서려 있다.

92 李梅窓 : 1573~1610. 조선 선조 때의 부안 출신 기생이다. 본명은 향금(香今), 호는 매창(梅窓) 또는 계생(桂生·癸生), 계랑(桂娘·癸娘) 등으로도 불렸다. 사후에 문집 《매창집(梅窓集)》이 발간되었다.

93 悄悄 : 근심하고 슬퍼하는 모양.

94 中門 : 대궐의 內門과 外門 사이에 있는 문. 중간에 있는 여러 문들을 모두 이르기도 한다.

95 滴淚 : 눈에서 흘러 떨어지는 눈물.

96 微雨 = 細雨 : 가랑비. 이슬비.

2-31 陣中吟 진중에서 읊다

이순신李舜臣

天步西門遠	임금의 발걸음[97] 서문으로 멀어졌고
君儲北地危	태자는 북쪽 땅에서 위험하네.
孤臣憂國日	외로운 신하[98]가 나라 근심하는 날이자
壯士樹勳時	장사가 공을 세울 때지.
誓海魚龍動	바다에 맹세하니 어룡도 감동하고
盟山草木知	산에 맹세하니 초목도 아네.
讐夷如盡滅	원수와 오랑캐를 만약 모두 없앤다면
雖死不爲辭	비록 죽더라도 사양치 않으리라.

【훈음】**儲 태자 저　勳 공 훈**

97 天步 = 天蹴 : 하늘의 行步. 시대의 운수나 국가의 운수. 임금의 행차.

98 孤臣 : 외톨이거나 君主에게서 멀어져 중용되지 못한 신하. 고루하고 무지한 신하.

2-32 無語別[99] 말도 못한 채 헤어지니

임제林悌[100]

十五越溪女 열다섯 살 아리따운 소녀[101]

羞人無語別 남부끄러워 말 못한 채 헤어지네.

歸來掩重門 돌아와 중문[102] 닫아걸고서,

泣向梨花月 배꽃에 걸린 달 바라보며 눈물짓네.

【훈음】 羞 부끄럽다 수 掩 닫다 엄 泣 울다 읍

【출처】 미래엔, YBM

---

99 無語別 : 자신이 가슴에 담아둔 연인을 떠나보내면서도 타인의 시선 때문에 말 한마디 못 하고 떠나보낼 수밖에 없는 어린 소녀의 안타까움이 잘 묘사되어 있다.

100 林悌 : 1549~1587. 조선 선조 때의 시인.

101 越溪女 : 越溪는 越나라 미녀 西施가 비단을 빨았다는 시내로, 越나라의 여인 西施를 말함. 즉 서시 같이 아름다운 여인.

102 重門 : 겹문.

2-33 贈雲江 운강[103]에게 드립니다

이옥봉李玉峰[104]

近來安否問如何 근래 안부가 어떠신지[105] 묻는데
月到紗窓妾恨多 달빛 이르는 비단 창[106]에서 첩의 한이 많습니다.
若使夢魂行有跡 만약[107] 꿈속 혼이 지남에 자취가 남았다면
門前石路便成沙 문 앞 돌 길이 곧 모래가 되었을 것입니다.

【훈음】 紗 비단 사 跡 자취 적

【출처】 장원교육

103 雲江 : 조원(趙瑗, 1544~1595)의 호. 이 시의 작자 이옥봉은 조원의 소실이다.

104 李玉峯 : ?~? 조선 중기의 여성 시인. 양녕대군의 고손자 이봉(李逢, 1526~?)의 서녀로 충청도에서 태어났다. 운강(雲江) 조원(趙瑗, 1544~1595)의 소실이다. 임천 조씨 가문에서 발간한 《가림세고(嘉林世稿)》 부록에 시 32수가 수록되어 전해오고 있다.

105 如何 : 어떠한가?

106 紗窓 : 깁으로 바른 창. 여인의 침실.

107 若使 : 가령. 만일.

2-34 自述[108] 자신의 감회를 쓰다

이옥봉李玉峯

近來安否問如何 요사이 안부가 어떠하신지 묻노니
月白紗窓妾恨多 달빛 밝은 비단 창가[109]에 저의 한도 많습니다.
若使夢魂行有跡 만약[110] 꿈속 혼령[111]이 다닌 발자취가 있다면
門前石路已成沙 문 앞 돌길은 이미 모래가 되었을 것이옵니다.

【훈음】 述 짓다 술 紗 비단 사 魂 넋 혼 跡 자취 적

【출처】 미래엔, 동아출판

---

108 自述 : 기다려도 오지 않는 임(조원)에 대한 애틋함을 담은 시이다. 앞부분에서 이별의 상황을 묘사한 뒤에 뒷부분에서 꿈속의 넋이 길을 다닌다는 가정과 돌길이 닳아 모래가 되었을 것이라는 과장으로 그리운 마음을 표현하였다.

109 紗窓 : 비단을 드리운 창. 여인이 거처하는 곳.

110 若使 : 만약.

111 夢魂 : 꿈속에서라도 임을 만나고 싶은 마음을 상징함.

2-35 閨情 기다리는 마음

이옥봉李玉峰

有約郎何晩 약속한 님 왜 이리 아니 오시나
庭梅欲謝時 뜰의 매화도 지려 하는데.
忽聞枝上鵲 문득 가지 위 까치 소리 듣고서
虛畫鏡中眉 부질없이 거울 보며 눈썹 그려요.

【훈음】 閨 안방 규 謝 시들어 떨어지다 사 虛 부질없다 허

【출처】 박영사

2-36 效崔國輔體 최국보의 체를 본받아 짓다

허난설헌許蘭雪軒[112]

春雨暗西池 봄비에 서쪽 연못 어두워지니
輕寒襲羅幕 가벼운 한기가 비단 장막에 스며드네.
愁倚小屛風 수심 속에 작은 병풍에 기대니
墻頭杏花落 담 머리로 살구꽃이 떨어지네.

【훈음】 襲 스며들다 습

---

112 許蘭雪軒 : 1563~1589. 조선 중기의 시인, 작가, 화가이다. 본명은 초희(楚姬)이고 자는 경번(景樊)이며 호는 난설헌(蘭雪軒)이다. 저서로 사후 간행된 《난설헌집(蘭雪軒集)》이 있다.

2-37 采蓮曲 연밥 따는 노래

허난설헌許蘭雪軒

秋淨長湖碧玉流 가을의 맑은 긴 호수 벽옥[113]처럼 흐르는데
荷花深處係蘭舟 꽃 깊은 곳에 목란 배[114] 매어 두네.
逢郎隔水投蓮子 임을 만나 물 건너[115]로 연밥[116] 던지곤
剛被人知半日羞 금방 남에게 알려지게 될까 반나절[117] 부끄럽네.

【훈음】 采 캐다 채　蓮 연꽃 련　荷 연꽃 하　係 매다 계
剛 금방 강　羞 부끄럽다 수

【출처】 장원교육

---

113 碧玉：산화철로 된 불투명한 石英(녹색·붉은색·갈색 등이 있으며 장신구를 만드는 데 쓴다). 젊고 예쁜 婢妾. 가난한 집안의 예쁜 딸. 맑고 푸른 자연 경관.

114 蘭舟 = 木蘭舟：목란나무로 지은 배. 후대에는 주로 배의 美稱으로 썼다.

115 隔水：물을 사이에 두다.

116 蓮子：연꽃의 열매. 연밥. '戀子'와 발음이 같아서 '당신을 사랑한다.'는 의미로 볼 수 있음.

117 半日：반나절.

2-38 雪後[118] 눈 내린 뒤

이수광李睟光[119]

昨夜千村雪　어젯밤 온 마을에 눈이 내리더니
今朝萬樹梅　오늘 아침 온 나무에 매화가 피었구나.
兒童推戶出　어린아이 문을 밀고 나갔다가
誤喜是春來　봄이 왔나 착각하고 기뻐하네.

【훈음】 誤 잘못하다 오

【출처】 동아출판

---

118 雪後 : 밤사이 내린 눈이 나뭇가지에 내려앉은 것을 보고 매화가 피었다고 착각하여 기뻐하는 아이의 모습을 묘사하였다. 봄을 기다리는 설렘이 느러나 있나.

119 李睟光 : 1563~1629. 조선 중기의 문신, 성리학자, 실학자, 외교관, 저술가이다. 자는 윤경(潤卿)이고 호는 지봉(芝峯), 동원(東園)이며, 시호는 문간(文簡)이다. 저서로 《지봉유설(芝峯類說)》 등이 있다.

2-39 昨夜 어젯밤

권필權韠[120]

昨夜西園醉　어젯밤 서쪽 동산에서 술 취하고
歸來對月眠　돌아와 달 보다가 잠들었더니,
曉風多意緖　새벽바람이 퍽 다정[121]도 하여
吹夢到梅邊　꿈을 불어[122] 매화 곁에 보내 주었네.

【훈음】 曉 새벽 효

120 **權韠**: 1569~1612. 조선 중기의 시인. 자는 여장(汝章)이며 호는 석주(石洲)이다. 저서로 《석주집(石洲集)》이 있다.

121 **意緖**: 마음. 정서.

122 **吹夢**: '바람이 꿈을 불어서 매화 곁에 가게 하였다'는 표현은, 화자가 꿈결에 바람이 매화 향기를 불어 전하는 것을 느꼈다는 의미이다. 曉風를 擬人化하면서도, 매화 향기를 불어 나이게 보내 주었다고 하지 않고 거꾸로 꿈을 불어 나를 매화 곁으로 보내 주었다고 한 표현이 참으로 절묘하다.

2-40 見新月[123] 초승달을 보며

정온鄭蘊[124]

來從何處來 뜨기는 어느 곳으로부터 뜨고
落向何處落 지기는 어느 곳을 향해 지는가?
姸姸細如眉 곱고 고와라 가늘기가 눈썹 같은데
遍照天地廓 하늘과 땅을 널리 두루 비추네.

【훈음】 從 ~로부터 종 姸 곱다 연 遍 두루 편 照 비추다 조 廓 넓다 확

【출처】 장원교육

123 新月 : 초승달. 음력 초하루부터 며칠 동안 보이는 달.

124 鄭蘊 : 1569~1641. 조선 중기의 문신. 자는 휘원(輝遠)이며 호는 동계(桐溪), 고고자(鼓鼓子)이다. 저서로 《덕변록(德辨錄)》, 《동계집(桐溪集)》 등이 있다.

2-41 山頂 산 정상에서

신후담愼後聃[125]

來時平地望山巓 올라올 때 평지에서 산꼭대기 바라보니
直謂山巓際碧天 다만 꼭대기 푸른 하늘에 닿은 줄만 알았었네.
如今却到山巓上 지금[126] 오히려 산꼭대기 위로 올라와서는
擧首觀天更杳然 고개 들어 하늘을 보니 다시금 아득하네.

【훈음】 際 닿다 제 杳 아득하다 묘

---

125 愼後聃 : 1702~1761. 조선 후기의 학자. 자는 이로(耳老)이며 호는 하빈(河濱)·돈와(遯窩)·금화자(金華子)이다. 저서로 《하빈문집(河濱文集)》 등이 있다.

126 如今 : 지금.

2-42 生兩手 두 손을 주신 까닭

이용휴李用休[127]

天旣生兩手　하늘이 두 손을 주신 까닭은
意欲有所爲　무언가 할 일 있게 하려 함인데,
安能拱而坐　어찌하여 팔짱만 끼고 앉아서
以待雨粟時　곡식 떨어질 때만 기다리겠는가?

【훈음】 安 어찌 안　拱 팔짱 끼다 공　雨 떨어지다 우　粟 곡식 속

【출처】 박영사

127 李用休：1708~1782. 조선 후기의 문인이다. 본관은 여주(驪州)이며 자는 경명(景命)이고 호는 혜환재(惠寰齋)이다. 저서로 《혜환시초(惠寰詩抄)》 등이 있다.

2-43 雲山吟 구름 위에 높이 솟은 산[128]의 노래

안정복安鼎福[129]

白雲有起滅 흰 구름은 일어났다 사라졌다 하지만

青山無改時 청산이야 변할 때가 없네.

變遷非所貴 자주 변하는 게 좋은 게 아니라

特立斯爲奇 우뚝이 서 있는[130] 그 모습, 이것이 훌륭한 것이네.

---

128 雲山 : 구름 위로 높이 솟은 산. 속세에서 멀리 떨어진 곳. 은자 또는 중이나 도사가 사는 곳을 이른다.

129 安鼎福 : 1712~1791. 조선 후기의 실학자, 성리학자, 역사가, 수필가이다. 본관은 경기도 광주(廣州)이며, 자는 백순(百順), 호는 순암(順庵)·한산병은(漢山病隱)·우이자(虞夷子)·영장산객(靈長山客)·우이(虞夷)·상헌(橡軒)이다. 저서로 《순암집(順菴集)》 등이 있다.

130 特立 : 홀로 우뚝 섬. 확고한 의지와 지조가 있음.
特立獨行 : 志行이 고결하여 時俗의 潮流에 휩쓸리지 않고 자기의 소신대로 꿋꿋하게 살아감.

2-44 燕巖憶先兄

연암[131]에서 돌아가신 형을 그리워하며

박지원朴趾源[132]

我兄顔髮曾誰似 우리 형 모습[133]이 누구를 닮았던가?
每憶先君看我兄 돌아가신 아버지[134]를 그리워할 때마다 우리 형을 보았지.

今日思兄何處見 이제 형을 그리워하니 어느 곳에서 볼 수 있을까?
自將巾袂映溪行 스스로 옷차림[135]을 갖추고 시냇가에 가서 〈나를〉 비춰야겠네.

【훈음】 袂 소매 몌　映 비추다 영

【출처】 천재교육

131 燕巖 : 박지원이 은거한 황해도 金川 燕巖峽.
132 朴趾源 : 1737~1805. 조선 후기의 문신이며 실학자이다.
133 顔髮 : 얼굴과 머리카락. → 생김새, 모습.
134 先君 : 돌아가신 아버지.
135 巾袂 : 두건과 옷소매. → 옷차림, 의관.

2-45 野雪[136] 들판의 눈

이양연李亮淵[137]

穿雪野中去　눈을 뚫고 들판 속을 걸어갈 때
不須胡亂行　모름지기 어지러이[138] 걷지 마라.
今朝我行跡　오늘 아침 내가 간 발자취가
遂爲後人程　마침내 뒷사람의 길잡이가 될 것이니.

【훈음】 穿 뚫다 천　跡 발자취 적　程 길 정

【출처】 다락원

136 野雪 : 눈길을 걸어가며 들판에 자신이 찍은 발자국이 뒷사람이 따라올 길이 될 수 있으니 똑바로 걸어야 한다는 비유를 통해, 내 삶이 다른 사람의 삶의 길잡이가 될 수도 있으니 항상 똑바로 살아가야 한다는 의미를 표현하였다.

137 李亮淵 : 1771~1853. 조선 후기의 문신. 저서로 《침두서(枕頭書)》, 《석담작해(石潭酌海)》, 《가례비요(嘉禮備要)》, 《상제집홀(喪祭輯笏)》 및 시문집으로 《임연당집(臨淵堂集)》등이 있다.

138 胡亂 : 멋대로.

2-46 遣懷 회포를 풀다

박죽서朴竹西[139]

相思不見獨依樓 그리운 임 보지 못해 홀로 누각에 기대니
燭影空添一段愁 초 그림자 하릴없이 근심 하나[140] 더해 주네.
若使人生無暫別 만약에 사람 살며 잠깐 이별 없다 하면
不求仙子與封侯 신선도 필요 없고 봉후[141]도 안 바라리.

139 朴竹西 : 1820?~1851? 조선 철종 때의 여류시인. 박종언(朴宗彦)의 서녀(庶女)이자 서기보(徐箕輔)의 소실이며, 호는 반아당(半啞堂)이다. 일생동안 병약했던 탓으로 시풍(詩風)이 감상적이었으며, 이 시를 비롯한 126수의 시가 전한다. 저서로 사후 발간된 《죽서시집(竹西詩集)》이 있다.

140 一段 : 한 토막. 한 부분. 한 조각.

141 封侯 : 제후에 봉함. 혁혁한 功名을 이르는 말.

2-47 絶命詩 목숨을 끊으며 지은 시

황현黃玹[142]

鳥獸哀鳴海岳嚬 새와 짐승이 슬피 울고 바다와 산[143]이 찡그리니
槿花世界已沈淪 무궁화[144] 세계가 이미 침몰되었네.[145]
秋燈掩卷懷千古 가을 등불에 책 덮고 천고[146]를 생각하니
難作人間識字人 세상[147]의 글자 아는 사람[148]이 되기 어렵구나.

【훈음】 嚬 찡그리다 빈 槿 무궁화나무 근 掩 덮다 엄

【출처】 장원교육

---

142 黃玹 : 1855~1910. 조선 왕조 말기의 선비로 시인, 문장가, 역사가, 우국지사이며 대한민국의 독립유공자이다. 1910년 한일 병합 조약이 체결되자 선비로서 양심을 지키기 위해 이 시를 포함한 〈絶命詩〉 네 수를 짓고 구례군 자택에서 음독 자결했다.

143 海岳 : 큰 바다와 높은 산.

144 槿花 : 무궁화.

145 沈淪 : 물속에 빠져 가라앉음. 죽음.

146 千古 : 아주 먼 옛적.

147 人間 : 세상.

148 識字人 : 문자를 아는 사람. 지식인.

3.고사성어

고사성어는 대부분 유래를 가지고 있다. 그 유래를 알지 못하면 고사성어가 지닌 속뜻을 파악하기 어렵다. 고사성어의 겉뜻과 속뜻의 의미를 통해 우리의 언어생활을 더욱 풍요롭게 만들어 줄 것이다.

여기에 실린 고사성어는 대부분 중국에서 만들어진 것이고, 우리나라에서 만들어진 것도 있다.

3-1 助長 자라는 것을 돕다

→바람직하지 않은 일을 더 심해지도록 부추김.

宋人有閔其苗之不長而揠之者 芒芒然歸 謂其人曰 今日病矣 予助苗長矣 其子 趨而往視之 苗則槁矣

【훈음】 閔 걱정하다 민　苗 싹 묘　揠 뽑다 알　芒 까끄라기 망
病 피곤하다 병　趨 달리다 추　槁 마르다 고

송나라 사람 중에 그 벼 싹이 자라지 않는 것을 걱정하여 그것을 뽑아 올린 사람이 있었는데, 매우 피곤한 모습으로[1] 돌아와서는 집안사람들에게 말하였다.[2] "오늘은 피곤하구나! 내가 벼 싹이 자라는 것을 도와주었다!" 그 아들이 달려가서 그것을 보았더니, 벼 싹이 말라 있었다.

【출처】 미래엔 10과, (2015개정)미래엔 12과

3-2 尾生之信 미생의 믿음

→ ① 약속을 굳게 지킴. ② 고지식하여 융통성이 없음.

尾生與女子 期於梁下 女子不來 水至不去 抱梁柱而死

1　芒芒然 : 바쁜 모양. 피곤한 모양.

2　謂A曰 : A(대상)에게 말하다.

【훈음】 梁 다리 량

미생[3]이 여자와 다리 아래에서 〈만나기로〉 약속했다. 여자가 오지 않았는데, 물이 〈불어나〉 이르러도 떠나지 않다가 다리 기둥을 껴안고 죽었다.

3-3 三人成虎 세 사람이 호랑이를 만듦

→ 근거 없는 말이라도 여러 사람이 말하면 곧이듣게 됨.

謂魏王曰 今一人言市有虎 王信之乎 王曰 否 三人言市有虎 王信之乎 王曰 寡人信之矣 龐葱曰 夫市之無虎 明矣 然而三人言而成虎

〈방총이〉 위왕에게 말했다. "지금 한 사람이 '시장에 호랑이가 있다'고 말하면 왕께서는 그것을 믿으시겠습니까?" 왕이 말했다. "아니다." "세 사람이 '시장에 호랑이가 있다'고 말하면 왕께서는 그것을 믿으시겠습니까?" 왕이 말했다. "과인[4]은 그것을 믿을 것이다." 방총이 말했다. "무릇 시장에 호랑이가 없는 것은 분명합니다. 그러나[5] 세 사람이 말하여 호랑이를 만들었습니다."

【출처】 미래엔 11과, (2015개정)미래엔 13과

---

3 尾生 : 한 여자와 다리 밑에서 만나기로 약속하고 기다리는데, 큰 비가 내려 물이 불어나도 떠나지 않고 다리 기둥을 안고 익사하였다는 전설상의 남자. 신의를 굳게 지키거나 우직한 사람을 비유하는 말.

4 寡人 : 〈덕이〉 적은 사람 → 임금이 자기 자신을 낮추어 이르던 말.

5 然而 : 그러나. 그렇지만.

3-4 指鹿爲馬 사슴을 가리키며 말이라고 하다

→ 윗사람을 농락하여 권세를 마음대로 함.

丞相趙高 欲專秦權 恐群臣不聽 乃先設驗 持鹿獻於二世曰 馬也 二世笑曰 丞相誤邪 指鹿爲馬 問左右 或默或言 高陰中諸言鹿者以法 後群臣皆畏高莫敢言其過

【훈음】 誤 그릇되다 오 默 입을 다물다 묵 陰 몰래 음
中 중상하다 중

승상 조고[6]가 진나라의 권력을 마음대로 하고자 하였으나, 여러 신하가 듣지 않을까 두려워, 이에 먼저 시험하여 사슴을 가지고 2세[7]에게 바치며 말하였다. "말입니다." 2세가 웃으며 말하기를 "승상이 잘못 알고 있는가? 사슴을 가리켜 말이라고 하는구나." 하고, 좌우에 물으니, 어떤 사람은 침묵하고 어떤 사람은 말하였다. 조고가 몰래 사슴이라고 말한 여러 사람을 법으로써 해치니 후에 여러 신하는 모두 조고를 두려워하여 감히 그의 잘못을 말하지 못하였다.

【출처】 대학서림 9과

3-5 朝三暮四 아침에 세 개, 저녁에 네 개

→ 간사한 꾀로 남을 속여 희롱함.

---

6 趙高 : 秦나라의 환관. 벼슬은 승상까지 오름.

7 二世 : 진시황의 아들 胡亥.

將限其食 恐衆狙之不馴於己也 先誑之曰 與若芧 朝三而暮四 足乎 衆狙皆起而怒 俄而曰 與若芧 朝四而暮三 足乎 衆狙皆伏而喜

【훈음】 狙 원숭이 저　馴 길들이다 순　誑 속이다 광
芧 상수리나무 서

장차 그 먹을 것을 제한하려 하였는데, 여러 원숭이가 자기를 따르지 않을까 두려워 먼저 그들을 속여 말하기를 "너희에게 도토리를 주되 아침에 세 개 저녁에 네 개면 만족하겠느냐?" 하니 여러 원숭이가 모두 일어나서 화를 내었다. 잠시 있다가[8] 말하기를 "너희에게 도토리를 주되 아침에 네 개 저녁에 세 개면 만족하겠느냐?" 하니 여러 원숭이가 모두 엎드리며 기뻐하였다.

【출처】 대학서림 10과

3-6 塞翁之馬 변방 늙은이의 말

→ 인생의 길흉화복은 변화가 많아서 예측하기가 어렵다.

近塞上之人 有善術者 馬無故亡而入胡 人皆弔之 其父曰 此何遽不爲福乎 居數月 其馬將胡駿馬而歸 人皆賀之 其父曰此 何遽不能爲禍乎 家富良馬 其子好騎 墮而折其髀 人皆弔

8 俄而(잠시 아) = 俄刻. 俄頃. 俄爾. 俄則 : 곧. 머지않아. 잠시. 잠깐 동안.

之 其父曰 此何遽不爲福乎 居一年 胡人大入塞 丁壯者引弦而戰 近塞之人 死者十九 此獨以跛之故 父子相保

【훈음】 亡 달아나다 망 弔 위로하다 조 墮 떨어질 타
髀 넓적다리 비 弦 활시위 현 跛 절뚝발이 파

변방[9] 근처의 사람 중에 점술을 잘하는 사람이 있었는데 말이 까닭 없이[10] 달아나서 오랑캐 땅으로 들어갔다. 사람들이 모두 그를 위로하니 그 노인이 말하기를 "이것이 어찌[11] 복이 되지 않겠는가?"라고 하였다. 몇 달 있다가 그 말이 오랑캐 땅의 준마를 거느리고 돌아왔다. 사람들이 모두 그것을 축하하니 그 노인이 말하기를 "이것이 어찌 화가 되지 않겠는가?"라고 하였다. 집에 좋은 말이 많아서 그 아들이 말타기를 좋아하였는데 〈말에서〉 떨어져 그 다리가 부러졌다. 사람들이 모두 그를 위로하니 그 노인이 말하기를 "이것이 어찌 복이 되지 않겠는가?"라고 하였다. 일 년 후, 오랑캐가 변방으로 크게 쳐들어오니 장정들이 모두 활을 당겨 싸웠다. 변방 인근 사람 중 죽은 자가 열에 아홉이었으나 이 아들만은 절름발이였던 까닭으로[12] 부자가 서로 목숨을 보존하였다.

【출처】 대학서림 11과

9 塞上 : 만리장성 안팎의 변경 지역.

10 無故 : 아무런 까닭이 없음.

11 何遽(갑자기 거) : 왜. 어찌하여.

12 以A之故 : A때문이다.

3-7 刻舟求劍 배에 새겨 칼을 찾다

→ 융통성 없이 현실에 맞지 않는 낡은 생각을 고집하는 어리석음.

楚人有涉江者 其劍 自舟中墜於水 遽契其舟曰 是吾劍之所從墜 舟止 從其所契者 入水求之 舟已行矣 而劍不行 求劍若此 不亦惑乎 時已徙矣 而法不徙 以此爲治 豈不難哉

【훈음】 墜 떨어지다 추　遽 갑자기 거　契 새기다 계　徙 옮기다 사

초나라 사람 중에 강을 건너는 사람이 있었는데 그의 칼이 배 안으로부터 물에 떨어졌다. 갑자기 그 배에 〈칼로〉 새기며 말하기를 "여기가 내 칼이 떨어진 곳이다."라고 하고 배가 멈추자 그 새긴 곳으로부터 물에 들어가 그것을 찾았다. 배는 이미 갔으나 칼은 가지 않았는데 칼 찾기를 이와 같이 한다면 또한 미혹되지 않겠는가? 때는 이미 옮겨갔으나 법은 옮겨가지 않았으니 이것을 다스림으로 삼는다면 어찌 곤란하지 않겠는가?

【출처】 (2015 개정) YBM 8과

3-8 狐假虎威 여우가 호랑이의 위세를 빌리다

→ 남의 권세를 빌려 위세를 부림.

虎求百獸而食之 得狐 狐曰 子無敢食我也 天帝使我長百獸 今子食我 是逆天帝命也 子以我爲不信 吾爲子先行 子隨我後 觀百獸之見

我而敢不走乎 虎以爲然 故遂與之行 獸見之皆走 虎不知獸畏己而走也 以爲畏狐也

호랑이가 온갖 짐승을 구하여 먹으려다가 여우를 잡았다. 여우가 말하길 "그대는 감히 나를 잡아먹을 수 없다. 하느님[13]이 나로 하여금 온갖 짐승의 우두머리 노릇을 하게 하였으니 지금 그대가 나를 잡아먹는다면 이는 하느님의 명을 거스르는 것이다. 그대가 나를 믿지 못하겠다고 여기면 내가 그대를 위하여 먼저 갈 것이니 그대는 내 뒤를 따라와 모든 짐승이 나를 보고서 감히 달아나지 않는지를 보아라."라고 하였다. 호랑이가 그렇다고 여겨서[14] 드디어 그(여우)와 더불어 가니 짐승들이 그것을 보고 모두 달아나거늘 호랑이는 짐승들이 자기를 두려워하여 달아나는 것을 모르고 여우를 두려워한다고 여겼다.

【출처】 (2015 개정) YBM 9과

3-9 孟母斷機 맹자의 어머니가 베틀의 베를 짜르다 → 중도에 그만두지 마라.

孟子之少也 旣學而歸 孟母方績 問曰 學何所至矣 孟子曰 自若也 孟母以刀斷其織 孟子懼而問其故 孟母曰 子之廢學 若吾斷斯織也 孟子懼 旦夕勤學不息

---

13 天帝 : 하느님. 上帝. 황제.

14 以爲 = 以謂 : …라고 여김. …라고 말함.

【훈음】 績 길쌈하다 적

맹자가 어렸을 때,[15] 이미 배웠다고 돌아오니 맹자의 어머니가 한창 베를 짜고 있다가 묻기를 "배움이 어느 곳에 이르렀느냐?"라고 하니 맹자가 말하기를 "그저 그렇습니다.[16]"라고 하였다. 맹자의 어머니가 칼로써 짜던 베를 끊거늘 맹자가 놀라서 그 까닭을 물으니 맹자의 어머니가 말하기를 "네가 배움을 그만두는 것은 내가 짜던 베를 끊어 버리는 것과 같다."라고 하였다. 맹자가 두려워하여 아침저녁으로 부지런히 배워 쉬지 않았다.

【출처】 (2015 개정) YBM 10괴

3-10 愚公移山 우공이 산을 옮기나

→ 어떤 일이든 끊임없이 노력하면 반드시 이루어짐.

太形王屋二山 方七百里 高萬仞 本在冀州之南 河陽之北 北山愚公者 年且九十 面山而居 懲山北之塞 出入之迂也 聚室而謀曰 吾與汝畢力平險 指通豫南 達于漢陰 可乎 雜然相許……河曲智叟笑而止之曰 甚矣 汝之不惠 以殘年餘力曾不能毁山之一毛 其如土石何 北山愚公 長息曰……雖我之死 有子存焉 子又生孫 孫又生子 子又有子 子又有孫 子子孫孫 無窮匱也 而山不

---

15 A之B也 : A가 B할 때.

16 自若 = 自如 : 여전히 예전과 같음. 옛날 그대로임.

加增 何苦而不平 河曲智叟 亡以應

【훈음】 仞 8척 인 懲 기왕지사를 돌아보아 후회하여 장래를 삼가다 징
迂 길이 빙 돌아 멀다 우 室 가족 실 畢 마치다 필
指 지향하다 지 叟 늙은이 수 匱 다하다 궤

태형산과 왕옥산은 사방 칠백 리이며 높이가 만 길이다. 원래는 기주의 남쪽, 하양의 북쪽에 있었다. 북산에 사는 우공은 나이가 장차 90살로, 산을 마주보고 살았다. 산의 북쪽이 막혀 나가고 들어옴에 있어서 멀리 돌아야 하는 것을 후회하고 있었다. 그래서 가족들을 모아 상의하며 "내가 너희들과 함께 힘을 다해 험준한 산을 평평하게 하여 豫州의 남쪽으로 통하고 漢水의 북쪽[17]으로 이르게 하려는데 괜찮겠느냐?"라고 하니 모두 뒤섞여 서로 승낙하였다. 하곡의 지수가 웃으면서 만류하여 말하기를 "심하도다. 당신의 지혜롭지 못함이! 남은 일생[18]과 여력으로 산의 터럭 하나조차 헐지 못할 것인데 흙과 돌을 어찌하겠는가?[19]"고 하였다. 북산의 우공이 길게 한숨을 쉬며 말하기를 "〈중략〉 비록 내가 죽어도 자식이 있소. 자식이 또 손자를 낳고 손자가 또 자식을 낳으며, 그 자식은 또 자식이 있고, 그 자식은 또 손자가 있어 자자손손 끝이 없다. 그러나 산은 더 증가하지 않으니, 어찌 수고롭다고 불평하리오?"라고 대답했다. 하곡의 지수가 대답할 말이 없었다.

【출처】 (2015개정) YBM 11과

---

17 陰 : 풍수에서 '산은 남쪽을, 물은 북쪽을 陰'이라 한다.

18 殘年 : 한평생의 남은 햇수(늘그막).

19 如A何 : A를 어찌하랴.

3-11 兄弟投金 형과 동생이 금을 던지다 → 형제간의 우애

高麗恭愍王時 有民兄弟偕行 弟得黃金二錠 以其一與兄 至津 同舟而濟 弟忽投金於水 兄怪而問之 答曰 吾平日愛兄篤 今而分金 忽萌忌兄之心 此乃不祥之物 不若投諸江而忘之 兄曰 汝之言 誠是矣 亦投金於水

【훈음】 偕 함께 해　錠 덩이 정　萌 싹트다 맹

고려 공민왕 때, 어느 백성 형제가 함께 가다가 아우가 황금 두 덩이를 주워 그 하나를 형에게 주었다. 나루터에 이르러 함께 배를 타고 건너는데 아우가 갑자기 금덩이를 물에 던지니 형이 괴이하게 여겨 그것을 물었다. 아우가 대답하기를 "내가 평소에는 형을 사랑하는 마음이 도탑더니 지금 금을 나눔에 갑자기 형을 꺼려하는 마음이 싹텄습니다. 이것은 곧 상서롭지 못한 물건이니 강에 〈황금을〉 던져 버리고 그것을 잊는 것만 못합니다."라고 하였다. 형이 말하기를 "너의 말이 진실로 옳다."라고 하고 역시 금을 물에 던졌다.

【출처】 (2015개정) YBM 16과

3-12 四知 넷이 알다 → 세상에 비밀은 없다.

王密爲昌邑令 謁見 至夜 懷金十斤以遺震 震曰 故人知君 君不知故人 何也 密曰 暮夜 無

知者 震曰 天知 神知 我知 子知 何謂無知
密愧而出

【훈음】 謁 뵙다 알 懷 품다 회 震 벼락 진 君 그대 군
愧 부끄럽다 괴

왕밀[20]이 창읍의 현령이 되어 〈양진을〉 찾아뵙고[21] 밤이 되자 황금 열 근을 품고서 양진[22]에게 바쳤다. 양진이 말했다. "나[23]는 그대를 아는데 그대가 나를 모르는 것은 어째서인가?" 왕밀이 대답했다. "늦은 밤이라 아는 사람이 없습니다." 양진이 말했다. "하늘이 알고 귀신이 알고 내가 알고 그대가 아는데 어찌 아는 사람이 없다고 하는가?" 왕밀이 부끄러워하고 나갔다.

【출처】 (2015 개정)미래엔 9과

3-13 季札掛劍 계찰이 칼을 걸어 놓다
→ 신의를 중히 여김.

季札之初使 北過徐君 徐君好季札劍 口弗敢言 季札心知之 爲使上國 未獻 還至徐 徐君已死 於是 乃解其寶劍 繫之徐君冢樹 而去 從者曰 徐君已死 尙誰予乎 季子曰 不然 始

20 王密 : 後漢 때 山東省 昌邑의 縣令.

21 謁見 : 지체가 높고 귀한 사람을 찾아가 뵘.

22 震 : 後漢 때 荊州刺史 楊震.

23 故人 : 옛 친구. 여기서는 양진이 자기 자신을 가리킴.

吾心已許之 豈以死倍吾心哉

【훈음】 使 사신 가다 사 過 들르다 과 冢 무덤 총 倍 등지다 배

계찰[24]이 처음 사신 갈 때, 북쪽으로 서나라의 임금에게 들르니 서나라의 임금이 계찰의 검을 좋아했으나 입으로는 감히 말하지 못하였다. 계찰이 마음으로는 이를 알았으나 상국[25]에 사신으로 가기 때문에 미처 주지 못했었는데 돌아오는 길에 서나라에 이르니 서나라의 임금이 이미 죽어 있었다. 이에 곧 그 보검을 풀어서 이것을 서나라의 임금 무덤의 나무에 매어 두고서 떠나갔다. 따르던 사람[26]이 말하였다. "서나라의 임금이 이미 죽었는데 도대체 누구에게 주신 것입니까?" 계찰이 말하였다. "그렇지 않다. 처음에 내가 마음으로 이미 그것을 허락하였는데 어찌 죽었다고 내 마음을 등질 수 있겠는가?"

【출처】 장원교육 18과

3-14 陰德陽報 남이 모르게 덕행을 쌓은 사람은 뒤에 그 보답을 받게 됨.

孫叔敖爲嬰兒 出遊而還 憂而不食 其母問其故 泣而對曰 今日吾見兩頭蛇 恐去死無日矣

---

24 季札 : 춘추시대 吳나라 왕 壽夢의 넷째 아들. 사마천은 그의 인물됨을 "어찌 그를 견문이 넓고 학식이 풍부한 군자가 아니라고 하겠는가!"라고 평가하였다.

25 上國 : 계찰이 노나라로 사신을 갔기 때문에 上國은 노나라를 말함(계찰이 사신 간 경로 : 吳→徐→魯).

26 從者 : 데리고 다니는 사람.

母曰 今蛇安在 曰 吾聞見兩頭蛇者死 吾恐他人又見 已埋之矣 母曰 無憂 汝不死 吾聞之有陰德者 天報以福

【훈음】 嬰 어린아이 영　安 어디 안　埋 묻다 매

손숙오[27]가 어린아이였을 때, 놀러 나갔다가 돌아와 근심하며 먹지 않았다. 그 어머니가 그 까닭을 물으니 울면서 대답하였다. "오늘 제가 머리 둘 달린 뱀을 보았으니 죽을 날이 얼마 남지 않았을까[28] 두렵습니다." 어머니가 말했다. "지금 뱀은 어디에 있느냐?" 대답하였다. "제가 들으니 머리 둘인 뱀을 본 사람은 죽는다고 합니다. 저는 다른 사람도 또 볼까 염려되어 이미 그것을 묻었습니다." 어머니가 말했다. "근심하지 마라. 너는 죽지 않을 것이다. 내가 들으니 몰래 베푼 덕[29]이 있는 사람은 하늘이 복으로써 보답한다고 하였다.

【출처】 대학서림 8과

3-15 朝鮮公事三日 조선의 공사는 삼일이다 → 착수한 일이 자주 바뀜.

西厓柳成龍 爲都體察使 有列邑移文事 文旣成 屬驛吏 過三日後 復收其文 將追改之 驛吏持文而至 相國詰之曰 爾何受書三日 尙不頒列

27 孫叔敖 : 楚나라 부국강병에 공헌한 이름난 재상.

28 無日 : 며칠 안에. 멀지 않아.

29 陰德 : 남에게 알려지지 아니하게 행하는 덕행.

邑 吏對之曰 俗談朝鮮公事三日 小人知三日後復改 故延至今日矣 相國欲罪之 仍思之曰 是言可以警世 吾過矣 遂改其文而使之頒

【훈음】 屬 맡기다 촉 詰 따지다 힐 尙 여전히 상 頒 나누다 반
延 지체되다 연

서애 유성룡이 도체찰사[30]가 되어 여러 고을에 공문서 보낼[31] 일이 있었다. 공문이 이미 완성되자 역관에게 맡겼다. 사흘이 지난 후에 다시 공문서를 거두어 장차 더 고치려 하니[32] 역관이 공문서를 가지고 왔다. 유 상국은 그에게 따지며 "너는 어째서 공문을 받은 지 삼일인데도 여전히 여러 고을에 반포하지 않았느냐?" 역관이 대답했다. "속담에 '조선의 공사는 삼일이다[33]'란 말이 있는데 소인은 사흘 후에 다시 고칠 줄 알았기 때문에 미루며 오늘에 이른 것입니다." 상국은 그를 벌주려 하다가 곧 생각해보고서 말했다. "이 말이 세상을 경계할 만하니 나의 잘못이구나." 마침내 공문서를 고쳐 그에게 반포하도록 했다.

3-16 老馬之智 늙은 말의 지혜

→ 연륜이 깊으면 나름의 장점과 특기가 있음.

---

30 都體察使 : 전쟁이 났을 때 軍務를 맡아보던 최고의 軍職.

31 移文 : 관아와 관아 사이에 공사에 관계되는 일을 조회하기 위하여 公文을 보냄.

32 追改 : 나중에 고침.

33 朝鮮公事三日 = 高麗公事三日 : 착수한 일이 자주 바뀜.

管仲隰朋從於桓公 而伐孤竹 春往冬反 迷惑失道 管仲曰 老馬之智可用也 乃放老馬而隨之 遂得道

管仲[34]과 습붕이 齊나라 桓公을 따라서 孤竹國[35]을 정벌하였다. 봄에 가서 겨울에 돌아오는데 길을 헤매다가 잃자 관중이 "늙은 말의 지혜가 쓸 만하겠다."라고 하고는 곧 늙은 말을 풀어주고 그 말을 뒤따라가서 마침내 길을 찾았다.

3-17 登龍門 용문에 오른다

→ 어려운 관문을 통과하여 크게 출세하게 됨. 또는 그 관문.

河津一名龍門 水險不通 魚鼈之屬 莫能上 江海大魚薄集龍門下數千 不得上 上則爲龍也

【훈음】 鼈 자라 별 薄 모이다 박

하진은 일명 용문이니 물이 험하여 통하지 않는다. 고기와 자라 등이 올라갈 수 없었다. 강과 바다의 큰 물고기가 용문의 아래에 모인 것이 수천 마리였는데 올라갈 수 없었다. 올라가면 용이 되었다.

3-18 白眉 흰 눈썹

→ 여럿 가운데에서 가장 뛰어난 사람이나 훌륭한 물건.

---

34 管仲 : ?~B.C. 645. 춘추시대 초기 齊나라의 정치가이자 사상가로, 이름은 夷吾, 자는 仲이다. 제나라 桓公을 春秋五霸로 만들었다.

35 孤竹 : 遼西지역에 위치했던 나라로, 齊나라 桓公에게 멸망되었다.

馬良字季常 襄陽宜城人也 兄弟五人 竝有才名 鄕里爲之諺曰 馬氏五常 白眉最良 良眉中有白毛 故以稱之

마량은 자가 계상이고 양양 의성사람이다. 형제 5명이 모두 재주와 명성[36]이 있었다. 마을에 속담이 만들어지길 "마씨 5명 중에 흰 눈썹이 가장 뛰어나다."라 하였는데 마량의 눈썹 중에 흰 눈썹이 있었기 때문에 그렇게 말한 것이다.

3-19 完璧 옥을 온전히 하다 → 결함이 없이 완전함.

趙王得楚和氏璧 秦昭王欲之 請易以十五城 趙王以問藺相如 對曰 秦以城求璧 而王不許 曲在我矣 我與之璧 而秦不與我城 則曲在秦 臣願奉璧而往 使秦城不入 請完璧而歸 相如至秦 秦王無意償趙城 相如乃紿秦王 復取璧 遣使者懷歸趙 而以身待命於秦 秦王賢而弗誅 禮而歸之 趙王以相如爲上大夫

【훈음】 曲 잘못 곡　使 만약 사　償 갚다 상　紿 속이다 태
誅 베다 주　禮 예우하다 례

조나라 왕이 초나라의 和氏璧[07]을 얻었는데, 진나라 소왕이

---

36 才名 : 재주와 名望.

37 和氏璧 : 《한비자》에 따르면, 초나라 사람 卞和가 원석을 캐서 초

그것을 욕심내어, 15개의 성과 바꿀 것을 청했다. 조나라 왕이 이것을 인상여에게 물었는데, "진나라가 성으로써 화씨벽을 구하는데 왕이 허락하지 않으시면 잘못은 우리에게 있고, 우리가 진나라에 화씨벽을 주었는데 진나라가 우리에게 성을 주지 않으면 잘못은 진나라에 있습니다. 제가 화씨벽을 받들고 가겠습니다. 만약 진나라 성이 들어오지 않으면 화씨벽을 온전히 하여 돌아오겠습니다."라고 대답하였다. 인상여가 진나라에 이르니, 진나라 왕은 조나라에 성을 갚아줄 뜻이 없었다. 인상여가 마침내 진나라 왕을 속여 다시 화씨벽을 취해서 사신에게 품고서 조나라로 돌아가게 하고, 자신은 진나라에서 명령을 기다렸다. 진나라 왕은 어질다고 여겨 죽이지 않고 예우하여 그를 돌려보냈다. 조나라 왕은 인상여를 上大夫[38]로 삼았다.

나라 厲王에게 바쳤으나, 옥세공인이 가짜 돌이라고 판정을 내리자 여왕이 변화의 왼쪽 다리를 잘라 버렸다. 武王이 즉위하자 변화는 다시 돌을 바쳤는데 이번에도 가짜라는 판정을 받고 나머지 오른쪽 다리도 잘렸다. 文王이 즉위하자 다시 옥을 바치려 했는데 다리가 없어 갈 수가 없자, 변화는 원석을 안고 울었다. 문왕이 이야기를 듣고 원석을 가져다 갈아보니, 과연 눈부신 옥이 나왔고, 문왕은 변화에게 봉록을 내려 여생을 편히 살게 했다. 그 뒤 세월이 흘러 趙나라 혜문왕의 손에 들어갔다가 조나라가 망한 뒤 秦始皇은 이것으로 전국옥새를 만들었다. 이후 前漢의 옥새가 되었다가, 後漢과 위나라, 서진, 동진, 수나라, 당나라를 거쳤다가 오대십국 시대에 석경당이 後唐을 치자 후당 마지막 황제 李從珂가 전국옥새를 끌어안고 분신자살한 이후 행방이 묘연해졌다.

38 上大夫:《周禮》에 의하면, 관직에는 卿·中大夫·下大夫·上士·中士·下士의 등급이 있었다. 卿은 上大夫에 해당하며, 이로부터 公–卿–大夫–士의 位階가 성립하였다.

3-20 **囊中之錐** 주머니 속의 송곳 → 재능이 뛰어난 사람은 숨어 있어도 저절로 사람들에게 알려짐.

〈毛遂自薦於平原君〉平原君曰 夫賢士之處世也 譬若錐之處囊中 其末立見 今先生處勝之門下三年於此矣 勝未有所聞 是先生無所有也 毛遂曰 臣乃今日請處囊中爾 使遂蚤得處囊中 乃穎脫而出 非特其末見而已 平原君乃與之俱 十九人相與目笑之

【훈음】蚤 일찍 조 穎 자루 영 特 다만 득 俱 동반하다 구 目 눈짓하다 목

〈모수가 평원군에게 자신을 추천하자〉 평원군이 "무릇 어진 선비가 세상에 처함은 비유하자면 송곳이 주머니 속에 있어서 그 끝이 바로 드러나는 것과 같소. 지금 선생이 나의 문하에 있은 지가 지금까지 3년인데 제가 아직 선생에 대해서 들은 것이 없으니 이것은 선생에게 가진 것이 없다는 것이오."라고 하니 모수가 "제가 바로 오늘 주머니 속에 있기를 청합니다. 만약 제가 일찍 주머니 속에 처할 수 있었다면 바로 송곳 자루가 벗어나 빠져 나왔을 것이요, 다만 그 끝만 드러날 뿐만이 아닙니다."라고 하였다. 평원군이 마침내 그와 함께 가니 19명이 서로 눈짓하면서 그를 비웃었다.

3-21 **畵龍點睛** 용을 그리는데 눈동자를 점찍다 → 가장 요긴한 부분을 마치어 완성시키다.

張僧繇于金陵安樂寺畫四龍于壁 不點睛 每曰 點之 即飛去 人以爲誑 因點其一 須臾雷電破壁 一龍乘雲上天 未點睛者皆在

【훈음】 **點** 점찍다 **점** **睛** 눈동자 **정**

장승요[39]가 금릉의 안락사에서 네 마리의 용을 벽에 그렸는데, 눈동자는 찍지 않았다. 〈다른 사람들이 그 이유를 물어보면〉 항상 "그곳에 점을 찍으면 날아가 버릴 것이오."라고 하니, 사람들은 거짓말이라 생각하였다. 그리하여 그 중 한 마리에 점을 찍었더니, 잠시 뒤에[40] 천둥과 번개가 벽을 부수었고, 한 마리 용이 구름을 타고 하늘로 올라갔다. 아직 눈동자에 점을 찍지 않은 용은 모두 남아있었다.

---

39 **張僧繇**: 南朝 梁나라 사람으로, 자는 景猷, 호는 吾園, 醉瞑居士다. 일찍이 궁정의 秘閣에서 그림을 관장했다. 양무제가 불교를 장려하면서 사찰을 짓고 塔廟를 장식했을 때, 장식화를 그리게 했다.

40 **須臾**: 잠시

4. 전통문화

어느 나라 어느 민족이나 각자의 전통문화를 지니고 있다. 그 문화에는 의식주의 생활에서부터 언어에 이르기까지 다양하다. 우리의 문화를 이해함으로써 민족의 우수성과 우리 것의 소중함을 깨닫고, 우리 문화를 계승하고 발전시키려는 태도를 기를 수 있을 것이다.

여기에는 우리 전통문화 중에서 음식, 민속놀이, 문물 등을 중심으로 모았다.

4-1 訓民正音 훈민정음

國之語音 異乎中國 與文字 不相流通 故愚民有所欲言 而終不得伸其情者 多矣 予爲此憫然 新制二十八字 欲使人人易習 便於日用耳

【훈음】 **伸** 펴다 **신** **憫** 불쌍히 여기다 **민** **制** 만들다 **제**

우리나라의 말이 중국과 달라서 문자(한자)와 더불어 서로 통하지 않는다. 그러므로 어리석은 백성들이 말하고 싶은 바가 있어도 끝내 그 뜻을 펼 수 없는 사람이 많다. 내가 이를 위하여 불쌍히 여겨서 새로 스물여덟 글자를 만드니, 사람들로 하여금 쉽게 익혀 날마다 쓰는 데 편하게 하고자 할 따름이다.

【출처】 다락원 14과, 박영사 19과, 천재교육 19과

4-2 訓民正音 훈민정음

薛聰始作吏讀 官府民間 至今行之 然皆假字而用 至於言語之間 則不能達其萬一焉 癸亥冬 我殿下 創制正音二十八字 略揭例義以示之 名之曰訓民正音

【훈음】 **略** 대략 **략** **揭** 게시하다 **게**

설총이 처음으로 이두[1]를 만들어 관청과 민간에서 지금까지

1 吏讀 = 吏道. 吏吐. 吏套. 吏札. 吏文. 吏刀 : 한자의 음과 뜻을 빌

그것을 사용하고 있다. 그러나 모두 한자를 빌려서 사용하였다. 〈사람들이〉 말하는 사이에 이르러서는, 그 만에 하나도 통할 수없었다. 계해년 겨울에, 전하(世宗)께서 정음28자를 창제[2]하여 대략적으로 보기와 뜻[3]을들어 그것을 보이시고 그것을 이름하여 '훈민정음'이라고 하셨다.

4-3 測雨器 측우기

京中則鑄鐵爲器 名曰測雨器 長一尺五寸 經七寸 用周尺 作臺於書雲觀 置器於臺上 每當雨水後 本觀官員 親視下雨之狀 以周尺量水深淺 具書下雨及雨晴日時 水深寸分數 隨卽啓聞置簿

【훈음】 鑄 쇠 부어 만들다 주 長 길이 장 經 직경 경 員 인원 원 親 직접 친 狀 형상 상 簿 장부 부

서울에서는 쇠를 주조하여 기구를 만들어 이름을 측우기라고 하였다. 길이가 1척 5촌이고, 직경이 7촌이며, 주척[4]을 사

어서 우리말을 적는 표기 체계의 이름. 한자로 우리말을 적는 방법으로부터 한문에 우리말의 토를 첨가하는 표기 체계를 포괄하여 이른다.

2 創制(시작하다 창): 처음으로 만들어 세움.

3 例義: 〈훈민정음〉에서 御製序文과 뒤이어 나오는 자음과 모음의 음가와 운용 방법에 대해 풀이한 부분.

4 周尺: 고려 시대 이후부터 조선 시대에 걸쳐 사용된 자의 하나. 周禮에 규정된 자.

용한다. 서운관[5]에 대를 만들어, 대 위에 측우기를 두고, 매번 비가 온 뒤에 본관(서운관)의 관원이 직접 비가 내린 상황을 보고는, 주척으로써 물의 깊고 얕은 것을 측량하여, 비 오고 비 개인 일시와 물 깊이의 척·촌·분 수치를 상세히 써서[6], 즉시[7] 임금에게 알리고[8] 장부에 기록해 두었다.

【출처】 다락원 15과, (2015개정)천재교과서 14과

4-4 測雨器 측우기

二十四年製測雨器 鑄銅爲器 名曰測雨…… 每雨後 本觀官員 以周尺量水深分寸 隨卽啓聞 又以測雨器制及周尺式 頒于諸道 使列邑 各造一件 置客舍庭中 每雨後 守令親審水深分寸 啓聞

【훈음】 **鑄** 부어 만들다 **주** **員** 인원 **원** **頒** 나누어 주다 **반**
件 가지(세는 단위) **건** **審** 살피다 **심**

24년(세종 24년, 1442년)에 측우기를 만들었다. 구리를 주조하여 기구를 만들어 측우기라 이름하였다.……〈書雲觀에 측우기를 설치하고〉 매번 비가 내린 뒤, 書雲觀[9]의 관원이 주척[10]으

---

5 **書雲觀**: 조선 시대에 천문 등의 일을 맡아보던 관아.

6 **具書**: 漢字를 쓸 때 漢字의 획을 생략하지 않고 모두 갖추어 씀.

7 **隨卽**(곧 수): 때에 따라 곧. 당장.

8 **啓聞**(아뢰다 계): 글로 임금에게 상주함.

9 **書雲觀**: 기상 관측 등의 일을 맡아보던 관청.

10 **周尺**: 고려 시대 이후부터 조선 시대에 걸쳐 사용된 자의 하나. 周

로 물의 깊이를 분, 촌까지 측량하여 즉시[11] 보고하였다[12]. 또 측우기의 규격과 주척의 법식을 모든 도에 나누어 주고, 여러 고을에서 각각 하나씩 만들어 객사[13]의 뜰 안에 두게 하고, 매번 비가 내린 뒤 수령[14]이 직접 물의 깊이를 분, 촌까지 살펴서 보고하게 하였다.

【출처】 YBM 12과

4-5 鑄字 활자를 주조하다(《燃藜室記述》)

太宗於永樂元年癸未 謂左右曰 凡爲治 必須博觀典籍 吾東方在海外 中國之書罕至 板刻易以刓缺 且難盡刊天下之書 予欲範銅爲字 以廣其傳 誠爲無窮之利 遂命置鑄字所 用古註詩·書·左氏傳字鑄之 此鑄字所由起也

【훈음】 罕 드물다 한　鑄 쇠 부어 만들다 주

태종이 영락[15] 원년 계미에, 近臣[16]에게 이르기를 "무릇 나라

禮에 규정된 자.

11 隨卽(곧 수) : 때에 따라 곧. 당장.

12 啓聞(아뢰다 계) : 글로 임금에게 상주함.

13 客舍 : 조선 시대 각 고을에 둔 관사.

14 守令 : 고려·조선 시대에, 각 고을을 맡아 다스리던 지방관들을 통틀어 이르는 말.

15 永樂 : 明나라 성조(1403~1424)의 연호.

16 左右 : 近臣.

를 잘 다스리려면 반드시 서적[17]을 널리 보아야 한다. 우리나라는 해외에 있어서, 중국의 서적이 드물게 들어오고, 판에 새긴 것은 쉽게 닳으며,[18] 게다가 천하의 서적을 모두 간행하기는 어렵다. 내가 구리를 주조하여[19] 활자를 만들어서 서적을 널리 보급하고자 하니, 진실로 무궁한 이익이 될 것이다. 마침내 명하여 주자소[20]를 설치하고, 고주가 달린 《詩經》·《書經》·《春秋左氏傳》의 글자를 써서 그것을 주조하니, 이것이 주자소가 생긴 내력이다."

【출처】(2015 개정) 씨마스 16과

4-6 擲柶 윷놀이(《漢陽歲時記》)

削杻四片 擲之 一翻曰刀 二曰介 三曰傑 四曰杻 俱伏曰牟 畫紙爲局 縱橫卄九宮 如田字

【훈음】削 깎다 삭 杻 싸리나무 뉴 擲 던지다 척 俱 모두 구
爲 만들다 위 局 판 국 縱 세로 종 卄 스물 입

싸리나무를 깎아 네 조각으로 만들어 그것을 던지니, 한 개가 뒤집히면 '도'라고 하고, 두 개면 '개'라고 하며, 세 개면 '걸'이라 하고, 네 개면 '윷[21]'이라 하며, 모두 엎어지면 '모'라 한다.

---

17 典籍: 책.

18 刓缺(닳다 완, 이지러지다 결): 닳고 떨어져나감. 망가짐.

19 範銅(본을 써서 주조하다 범): 구리를 鑄造함.

20 鑄字所: 太宗 3년(1403)에 承政院의 직속 기관으로, 다양한 종류의 서적을 다량으로 인쇄하여 책을 널리 보급하려고 설치하였다.

21 杻: 원래 음은 '뉴'이나, 윷놀이에서는 '윷'이라고 한다.

종이에 그려서 윷판을 만드니, 가로세로[22] 모두 29개의 궁이 있는 모습이 마치 '田'자와 같다.

4-7 添歲餠 나이를 더하는 떡(《靑莊館全書》)

歲時 作打白餠 切以爲湯 能不傷寒暖而耐久 取其淨潔 俗謂不食此餠 不得歲云 余强名爲添歲餠

【훈음】 餠 떡 병　湯 탕 탕　强 억지로 강

설날[23]에 흰떡을 치고 〈이를〉 썰어 탕(떡국)을 만드는데, 〈흰떡이〉 추위와 더위에 상하지도 않고 오래 길[24] 수 있으니, 그 정결함을 취한 것이다.[25] 시속에 이르기를 "이 떡을 먹지 않으면 한 살을 얻지 못한다."고 하니, 나는 굳이 이름 지어 '첨세병[26]'이라 한다.

4-8 迎月 달맞이(《漢陽歲時記》)

及夜 兒童肩炬上山 候月再拜 曰迎月

【훈음】 肩 짊어지다 견　炬 횃불 거　候 기다리다 후

---

22 縱橫 : 가로와 세로.

23 歲時 : 새해의 처음(설).

24 耐久 : 오래 견딤.

25 取其淨潔(맑다 정, 깨끗하다 결) : 맑고 깨끗함. 흰떡은 다른 재료가 섞이지 않아 잘 상하지 않고, 색도 깨끗하기에 그 정결함을 취했다는 의미이다.

26 添歲餠 : 첨세병은 '나이(歲)를 더하는(添) 떡(餠)'이라는 뜻이다.

밤이 되자, 아이들이 횃불을 짊어지고 산 위로 올라가서 달을 기다렸다가 〈달이 뜨면〉 두 번 절하는 것을 '달맞이'라고 한다.

【출처】 동아출판 15과, 박영사 17과, (2015개정)다락원 17과, (2015개정)천재교과서 12과, (2015 개정)이젠교육 18과

4-9 瞻星臺 첨성대

新羅善德女主十六年 作瞻星臺 鍊石築臺 上方下圓 高十九尺 通其中 人由中而上下 以候天文

【훈음】 鍊 단련하다 련　築 쌓다 축　候 살피다 후

신라 선덕 여왕 16년에 첨성대를 지었다. 돌을 다듬어 대를 쌓았는데, 위는 네모나고 아래는 둥글며 높이는 열아홉 자[27]다. 그 가운데를 통하게 하여 사람이 가운데로 말미암아 오르내리며 천문[28]을 살피었다.

4-10 龜船 거북선

李舜臣 爲全羅左水使 創智造船 上設板蓋 形如伏龜 謂之龜船

---

27 尺 : 길이의 단위로, 오늘날의 약 30cm에 해당하나 시대나 지역에 따라 길이가 조금씩 다르다.

28 天文 : 천체의 온갖 현상.

이순신이 전라 좌수사[29]가 되어 지혜를 발휘하여[30] 배를 만들었는데[31], 위에 덮개[32]를 깔아 모양이 엎드린 거북 같았으니 '거북선'이라 하였다.

【출처】 동아출판 16과, (2015개정)다락원 18과

4-11 起重圖說 기중도설

城以石築 所須唯石 非石之艱 唯起石與運石 洵費力而糜財 以其重墜之性 強擧之使高也 昔周之盛 武王遷九鼎于洛邑 宣王樹石鼓于鳳翔 之二器者 其鉅重無比 彼以其仁且智 將汗民之肩 絶民之臏 竭九府之財而爲是哉 禮所云 引重鼎 不程其力者 殆非然矣

【훈음】 須 필요하다 수　艱 어려울 간　洵 참으로 순　糜 소비할 미
墜 떨어질 추　之(=是) 이것 지　鉅 크다 거　臏 종지뼈 빈
程 헤아리다 정

城은 돌로 쌓는 것이기에 필요한 것은 오직 돌입니다. 그러나 그 돌을 구하기가 어려운 것이 아니라, 돌을 캐내고 운반하는 데 진실로 힘이 들고[33] 경비가 많이 듭니다. (그것은) 무거워

29 左水使 : 조선시대에 둔 左水營의 우두머리.

30 創智(만들다 창) : 지혜를 발휘함.

31 造船 : 배를 만듦.

32 板蓋(널판지 판, 덮개 개) : 널판, 철판 등으로 만든 덮개.

33 費力(쓰다 비) : 정력을 소비함. 기력을 소모함.

밑으로 떨어지려는 성질을 가진 돌을 억지로 들어서 높게 올리려는 때문입니다. 옛날 주나라가 강성했을 때, 무왕이 구정[34]을 낙읍에다 옮기고, 선왕이 석고[35]를 봉상[36]에다 세웠습니다. 이 두 물건은 크고 무거움이 비할 것이 없는데, 武王이나 宣王의 어질고 또 슬기로움으로써 어찌 백성의 어깨에 땀이 배게 하고, 백성의 종지뼈가 끊어지도록 하고, 구부[37]의 재물을 다 소비해가면서 그러한 일을 했겠습니까? 《禮記》에, “무거운 솥을 움직이는데 그 힘을 가늠하지 않는다.” 하였는데, 아마 꼭 그러하지만은 않은 듯합니다.

4-12 자연을 본떠 기구를 만들다

古之聖人 觀鴟尾以造舟 觀飛蓬杓鸃以造車 必其有製器便用 以惠來後 而惜乎無所傳也 應劭言泰山有武帝時石 五車不能載 因置爲屋 則西京以來 已弗能然歟

【훈음】 鴟 솔개 치　杓 치다 표　鸃 뿔송곳 휴　惠 베풀다 혜

---

34 九鼎 = 九寶 : 夏나라 禹임금이 九州에서 쇠를 거두어들여 녹여서 만든 솥. 夏·殷·周 이래로 전승되어 온 天子의 보배로, 아홉 개의 솥이라고도 하고, 혹은 한 개의 솥이라고도 한다.

35 石鼓 : 東周 초년에 만들어진 秦나라의 石造物. 모두 10개의 북모양의 돌로 籒文으로 四言詩가 새겨져 있다.

36 鳳翔 : 중국 섬서성 지역의 하나.

37 九府 : 周나라 때 財幣를 맡아보던 太府·玉府·內府·外府·泉府·天府·職內·職金·職幣이다. 國庫를 이른다.

劭 힘쓸 소

옛 성인들은 솔개의 꼬리를 보고 배를 만들었고, 쑥이 날고 송곳 자루가 돌아가는 것을 보고 수레를 만들었으니, 〈그것을 볼 때〉 반드시 기구를 만들어 편리하게 사용토록 하여, 뒷 세상까지 그 은혜로움을 남겼을 터이나, 애석하구나! 〈지금까지〉 전해온 것이 없으니. 응소[38]가 "태산에 무제 때의 돌이 있는데, 다섯 대의 수레로도 실을 수가 없어서, 그대로 두고 집을 지었다." 한 것을 보면, 서경 시대 이후로, 이미 기구를 사용했던 것이 아닐까요?

【출처】 비상교육 14과

4-13 會蘇曲 회소곡

王旣定六部 中分爲二 使王女二人 各率部內女子 分朋造黨 自秋七月旣望 每日早集大部之庭 績麻 乙夜而罷 至八月十五日 考其功之多少 負者 置酒食 以謝勝者 於是 歌舞百戲皆作 謂之 嘉俳 是時 負家一女子 起舞 歎曰 會蘇會蘇 其音 哀雅 後人 因其聲而作歌 名會蘇曲

【훈음】 罷 마치다 파 置 마련하다 치 謝 내섭하다 사
嘉 아름답다 가

---

38 應劭 : 東漢 汝南 사람으로, 자가 仲遠이다. 박학다식하여 漢의 관직·禮儀 故事 등에 관한 저술을 남겼으며, 《風俗通》을 지었다.

유리왕이 이미 육부[39]를 정하고 가운데를 나누어 둘로 만들어, 왕의 딸 두 사람으로 하여금 각각 부락 안의 여자들을 거느리게 하고 무리를 나누어 편을 짜도록 하였다. 가을 7월 16일[40]부터 매일 아침 일찍 큰 부락의 뜰에 모여서 길쌈[41]을 하는데, 을야[42]가 되어서야 마쳤다. 8월 15일에 이르러서 그 공의 많고 적음을 살펴서 진 사람들이 술과 음식을 마련하여 이긴 사람들에게 대접했다. 이에 노래와 춤, 온갖 놀이[43]를 모두 행하였으니, 그것을 '가배[44]'라고 한다. 이때 진 쪽의 한 여자가 일어나 춤추며 탄식하여 말하기를 "회소[45], 회소라." 하니 그 소리가 애처로우면서도 아름다워 후대 사람이 그 소리를 연유하여 노래를 짓고 '회소곡'이라 이름하였다.

【출처】 (2015 개정)금성출판사 16과, (2015개정)비상교육 15과

4-14 角力之戲 씨름

丁壯年少者 會於南山之倭場 北山之神武門後 爲角力之戲 以賭勝負 其法 兩人對跪 各用右手 拏對者之腰 又各用左手 拏對者之右

---

39 六部：신라 때에, 씨족을 중심으로 나눈 경주의 여섯 행정 구역.

40 旣望：음력 매달 16일. '望'은 보름을 뜻함.

41 績麻：삼에서 실을 뽑는 일. 곧 '길쌈'을 뜻함.

42 乙夜：밤 아홉 시부터 열한 시 사이.

43 百戲：온갖 놀이. '百'은 매우 많은 수나 전부를 뜻함.

44 嘉俳：'가운데'라는 뜻의 우리말 '가위'를 이두로 표기한 것임.

45 會蘇：'모이소.'라는 뜻으로, 단결을 호소하는 의미로 쓰였다고 함.

股 一時起立 互擧而抨之 倒臥者爲負 有內句外句輪起諸勢 就中力大手快 屢賭屢捷者 謂之都結局

【훈음】 **賭** 내기하다 **도** **跪** 꿇어앉다 **궤** **拏** 붙잡다 **나**
股 넓적다리 **고** **抨** 겨루다 **평** **捷** 이기다 **첩**

〈端午 때〉 장정과 나이가 어린 사람이 남산의 왜장이나 북악산의 신무문 뒤에 모여, 힘을 겨루는 놀이를 하여 승부를 겨룬다. 그 방법은 두 사람이 마주 보고 꿇어앉아 각자 오른손을 사용하여 상대방의 허리를 잡고 또 각자 왼손을 사용하여 상대방의 오른쪽 넓적다리를 잡아 동시에 일어서서 서로 들고 힘을 겨루어 넘어져 눕는 사람이 지게 된다. 안다리 걸기(內局), 밭다리 걸기(外局), 들배지기(輪起) 등 여러 자세가 있다. 그 가운데서도 특히 힘이 세고 손이 민첩하여 여러 번 겨루어 여러 번 이긴 사람을 '도결국'이라고 부른다.

4-15 都城 궁성

宮城在京城之中 周一千八百十三步 高二十一尺一寸 立門四 南曰光化 舊名 正門 北曰神武 東曰建春 西曰迎秋

【훈음】 **周** 둘레 **주**

궁성[46]은 경성의 가운데에 있다. 둘레는 1,813보(약 3.3km)이고, 높이는 21척 1촌(약 6.4m)이다. 네 곳에 문을 세우니, 남문

46 宮城 : 조선 시대의 궁궐인 경복궁을 둘러싼 성곽.

을 '광화'라 하고, 옛 이름은 '정문'이다. 북문을 '신무'라 하고, 동문을 '건춘'이라 하고, 서문을 '영추'라 한다.

【출처】 (2015 개정)다락원 18과, (2015개정)지학사 15과

4-16 元日 정월 초하룻날

京都俗 歲謁家廟行祭 曰茶禮 男女年少卑幼者 皆着新衣 曰歲粧 訪族戚長老 曰歲拜

【훈음】 **謁** 아뢰다, 뵈다 **알** **廟** 사당 **묘** **粧** 단장하다 **장** **戚** 겨레 **척**

〈설날[47]〉 서울[48] 풍속에, 새해에 가묘[49]를 찾아뵙고 제사를 행하니, 〈이것을〉 차례라고 한다. 남녀 중에 나이가 적고 〈항렬이〉 낮고 어린 사람들이 모두 새 옷을 입으니, 〈이것을〉 세장이라고 한다. 친척과 웃어른을 찾아뵈니, 〈이것을〉 세배라고 한다.

【출처】 (2015 개정)비상교육 15과, (2015 개정) 이젠교육 18과

4-17 京城 도성

太祖五年 用石築之 世宗四年 改修 周九千九百七十五步 高四十尺二寸 立門八 正南曰崇禮 正北曰肅清 正東曰興仁 正西曰敦義 東北曰惠化 西北曰彰義 東南曰光熙 西南曰昭德

---

47 元日 : 한 해의 으뜸이 되는 날로, 설날을 가리킴.

48 京都 : 서울.

49 家廟 : 조상의 위패를 모신 집안의 사당.

【훈음】 **修** 고치다 수 **周** 둘레 주 **高** 높이 고

태조 5년에 돌을 이용하여 그것을 쌓고, 세종 4년에 고쳐 수리하였으니, 둘레는 9,975보요 높이는 40척 2촌이다. 성문을 세운 것이 여덟 곳이니 정남쪽은 숭례문이라 말하고, 정북쪽은 숙청문이라 말하고, 정동쪽은 흥인문이라 말하고, 정서쪽은 돈의문이라 말하며 동북쪽은 혜화문이라 말하고, 서북쪽은 창의문이라 말하고, 동남쪽은 광희문이라 말하고, 서남쪽은 소덕문이라 말한다.

【출처】 (2015 개정)지학사 15과

4-18 石戰 돌싸움 놀이

安東俗每歲正月十六日 金海於四月八日及端午日 丁壯畢會 分左右隊 投石以決勝負 雖死傷 不悔 謂之石戰

【훈음】 **隊** 무리 대

안동의 풍속은 매년 1월 16일에, 김해는 4월 8일과 단오일에, 장정들이 모두 모여, 좌우로 무리를 나누고, 돌을 던져 승부를 결정하는데, 비록 죽거나 다치더라도, 후회하지 않으니, 이를 '석전'이라고 한다.

4-19 嶺南二邑石戰 영남 두 고을의 돌싸움 놀이

安東金海二府之俗 每遇正月十六日 投石爲戲 以較勝負 正德庚午 倭賊來寇 防禦使黃

衡柳聃年 募二府善石者 爲先鋒 遂大破之

【훈음】 較 겨루다 교

安東과 金海 두 府의 풍속에 매년 정월 16일이 되면 돌을 던져 놀이를 해서 승부를 겨룬다. 正德 경오년(1510)에 왜적이 침입하여 노략질을 하자, 防禦使 황형과 유담년이 두 부의 돌팔매질을 잘하는 자를 모집하여 先鋒을 삼아 마침내 왜적을 대파하였다.

4-20 自擊漏 자격루

世宗始制雅樂 朴中樞堧贊成之 每坐臥 手於心胷之間 爲戞擊形 嘯於口吻之中 爲律呂聲 積十餘年乃成 世宗深倚重之 世宗又制自擊漏簡儀臺欽敬閣仰釜日晷 制作極爲精緻 皆出於宸衷 雖百工匠 無能副上意者 惟護軍蔣英實仰承睿智 運奇騁巧 無不吻合 上甚重之 人皆曰堙與英實 皆爲我世宗制作之盛 應期而生也

【훈음】 堙 막다 인　嘯 휘파람 불다 소　副 꼭 맞다 부

세종이 처음 雅樂[50]을 제정함에 中樞 박연[51]이 도와서 이룩

50 雅樂 : 바른 음악. 천지와 宗廟의 祭禮 및 朝賀·宴享 때 연주하는 음악.

51 朴中樞堧 : 박연(朴堧, 1378~1458)을 가리킨다. 그는 조선전기 집현전교리, 보문각제조, 예문관대제학 등을 역임한 음악인이며, 음악 이론가이다. 자는 坦夫이고 호는 蘭溪이며, 시호는 文獻이다.

하였다.[52] 〈박연은〉 늘 앉으나 누우나 가슴에 손을 얹고 악기 치는 시늉을 하며[53] 입으로는[54] 휘파람을 불어 音律의 소리를 내어가며 10여 년의 공을 쌓아 비로소 이룩하니 세종이 매우 중하게 여겼다. 세종은 또 자격루[55]·간의대[56]·흠경각[57]·앙부일구[58] 등을 제작하였는데, 만든 것이 극히 정밀[59]하였으며, 모두가 왕의 뜻[60]에서 나온 것이었다. 비록 여러 장인들이 있었으나 임금의 뜻을 맞추는 이가 없었는데 오직 護軍 蔣英實이 임금의 지혜[61]를 삼가 받들어[62] 기묘한 솜씨를 부리고 기교를 다하여 부합되지[63] 않음이 없었으므로 임금이 매우 소중히 여겼다. 사람들이 모두 말하기를, "박연과 장영실은 모두 우리 세종의 훌륭한 제작을 위하여 시대에 응해서[64] 태어난 인물이다." 하였다.

---

52 **贊成**(돕다 찬) : 도와서 이루어지게 함. 이루도록 도와줌.

53 **戛擊**(두드리다 알) : 장군(缶)을 두드림.

54 **口吻**(입술 문) : 입술.

55 **自擊漏** : 물시계.

56 **簡儀** : 천체를 관찰하던 기구.

57 **欽敬閣** : 경북궁에 지은 전각.

58 **仰釜日晷** : 해시계.

59 **精緻**(면밀하다 치) : 꼼꼼하여 빈틈이 없음. 정밀함.

60 **宸衷**(왕 신, 마음 충) : 왕의 마음.

61 **睿智**(슬기 예) = **睿知** : 지혜로움

62 **仰承** : 삼가 받음.

63 **吻合**(입술 문) = **脗合** : 입술이 서로 들어맞음. 서로 부합하여 일치됨.

64 **應期** : 時運에 부응함. 예정대로.

4-21 防風粥 방풍죽

余外家江陵 土多産防風 二月 土人乘露曉摘其初芽 令不見日 精舂稻米 煮爲粥 半熟投之候其沸 移盛于冷瓷碗 半溫而食之 甘香滿口三日不衰 眞俗間上品醍醐也 余後在遂山 試作之 不及江粥遠甚

【훈음】 **曉** 새벽 **효** **摘** 따다 **적** **候** 기다리다 **후** **沸** 끓다 **비**
瓷 사기그릇 **자** **碗** 사발 **완**

나의 외가는 江陵이다. 그곳에는 방풍이 많이 난다. 2월이면, 그곳 사람들[65]은 새벽에 이슬을 맞으며 처음 돋아난 싹을 따서, 해를 보지 못하게 한다. 곱게 찧은 쌀로, 끓여서 죽을 만드는데, 반쯤 익었을 때 방풍 싹을 넣는다. 그것이 끓기를 기다렸다가, 찬 사기 그릇에 담아, 반쯤 뜨뜻할 때 먹는데, 달콤한 향기가 입에 가득하여, 3일 동안은 가시지 않는다. 세속에서는 참으로 상품의 진미[66]이다. 나는 뒤에 遂山(遂安郡)에 있을 때, 시험삼아 한 번 끓여 먹어 보았더니, 강릉에서 먹던 맛과는 어림도 없었다.

---

65 土人 = 土民 : 대대로 그 지방에서 붙박이로 사는 사람. 원주민.

66 醍醐(제호 제, 호) : 우유에서 뽑아낸 최상의 유제품. 【佛】최상의 유제품을 佛性에 비유.

5. 인불과 일화

수많은 사람들이 역사와 함께 사라졌지만, 때로는 가치 있는 삶을 통해 후세 사람들에게 삶의 지표를 제시해준 사람들도 있다. 선주들의 이러한 의미 있는 삶의 행적은 이 시대를 살아가는 현대인들에게 소중한 가르침과 삶을 성찰하는 계기를 제공해 주고 있다.

여기에는 주로 우리나라 선인들의 재미있는 일화들을 모았다.

5-1 借鷄騎還 닭을 빌려 타고 돌아간다.
→ 손님을 박대하는 것을 빗대어 이르는 말.

金先生者 善談笑 嘗訪友人家 主人設酌 只佐蔬菜 先謝曰 家貧市遠 絶無兼味 惟淡泊是愧耳 適有群鷄 亂啄庭除 金曰 大丈夫不惜千金 當斬吾馬 佐酒 主人曰 斬一馬 騎何物而還 金曰 借鷄騎還 主人大笑 殺鷄餉之

【훈음】 善 잘하다 선 酌 술 따르다 작
佐 어떤 음식에 다른 음식을 곁들이로 하다 좌
謝 사과하다 사 愧 부끄러워하다 괴 適 마침 적
啄 쪼다 탁 惜 아끼다 석 餉 음식을 주다 향

김 선생은 우스갯소리[1]를 잘하였다. 일찍이 친구의 집을 방문하였는데, 주인이 술상을 차렸는데, 단지 채소[2]만을 안주로 삼았다. 먼저 사과하여 말하기를, "집이 가난하고 시장이 멀어 맛있는 음식[3]이 전혀 없고[4] 오직 담박한[5] 것뿐이니, 이것이 부끄러울 따름이네."라고 하였다. 마침 여러 마리 닭이 있어,

1 談笑 : 웃으면서 이야기를 함. 웃고 즐기면서 이야기함.

2 蔬菜 : 채소.

3 兼味 : 두 가지 이상을 곁들인 맛있는 음식.

4 絶無 : 전혀 없음.

5 淡泊 : 욕심이 없고 마음이 조촐함. 맛이 담백함.

뜰[6]에서 어지럽게 (모이를) 쪼았다. 김 선생이 말하기를, "대장부는 천금을 아끼지 않는다고 하니, 마땅히 내 말을 베어 술안주로 삼겠네[7]."라고 하였다. 주인이 말하기를, "한 마리(뿐인) 말을 베면 무엇을 타고 돌아가려는가?"라고 하니, 김 선생이 말하기를, "닭을 빌려서 타고 돌아가겠네."라고 하였다. 주인이 크게 웃으며 닭을 잡아 대접하였다.

【출처】 미래엔 9과, YBM 15과, 동아출판 14과, 장원교육 15과, 박영사 20과, (2015개정)동아출판 8과, (2015개정)비상교육 9과, (2015개정)YBM 17과

5-2 不言長短 남의 장점과 단점을 말하지 않다

昔黃相國喜 微時行役 憩于路上 見田父駕二牛耕者 問曰 二牛何者爲勝 田父不對 輟耕而至 附耳細語曰 此牛勝 公怪之曰 何以附耳相語 田父曰 雖畜物 其心與人同也 此勝則彼劣 使牛聞之 寧無不平之心乎 公大悟 遂不復言人長短云

【훈음】 憩 쉬다 게 駕 멍에 매다 가 勝 낫다 승 輟 그치다 철
附 붙이다 부 相 동작의 앞에 붙어서 상대가 있음을 표시 상
畜 가축 축 劣 못하다 렬 悟 깨닫다 오

6 庭除 : 뜰.

7 佐酒 : 술을 권함. 술자리에 손님을 모심. 술안주.

옛날 황희 정승[8]이 벼슬하기 전에[9] 여행을 하다가[10] 길가에서 쉬었다. 농부[11]가 두 마리 소에 멍에를 씌우고 밭 가는 것을 보고 물었다. "두 마리 소 중 어떤 것이 나은가?" 농부가 대답하지 않고 밭 갈기를 멈추고 와서 귀에 대고 속삭이며[12] 말하였다. "이 소가 낫습니다." 공이 그것을 이상하게 여기며 말하였다. "무엇 때문에[13] 귀에 대고 말하는가?" 농부가 말하였다. "비록 가축이라도 그 마음은 사람과 같습니다. 이것이 나으면 저것은 못한 것이니, 만약 소가 그것을 듣는다면 어찌 불평하는 마음이 없겠습니까?[14]" 공이 크게 깨닫고 마침내 다시는 남의 장점과 단점을[15] 말하지 않았다고 한다.

【출처】 미래엔 14과, YBM 14과, (2015개정)다락원 8과, (2015개정)천재교과서 8과

5-3 不言是非 남의 옳고 그름을 말하지 않다

尙成安公 嘗過于野 見老翁牧二牛 問曰 二者孰優 翁不對 再三問之 終不答 公深怪之 行

---

8 相國 : 정승.

9 微時 : 벼슬하지 않을 때.

10 行役 : 여행하거나 외출하여 멀리 감.

11 田父 : 농부.

12 細語 : 나지막한 소리로 말함.

13 何以 : 무엇 때문에.

14 寧A乎 : 어찌 A하겠는가?

15 長短 : 장점과 단점.

數十步 翁來密告曰 俄問牛優劣而不答者 以兩牛服役已久於吾家 不忍斥言也 其實少者爲優 公下馬謝曰 翁其教我處世之道也 平生不言人是非

【훈음】 俄 아까 아 斥 가리키다 척 其 바로 기

성안공 尙震(1493~1564)이, 일찍이 들을 지나가는데, 늙은이가 소 두 마리를 기르는 것을 보고, 물었다. "두 마리 중에 어느 놈이 더 나은가?" 노인이 대답하지 않았다. 재삼 물어도, 끝내 대답하지 않으므로, 공이 그것을 매우 이상하게 여겼는데, 수십 보를 걸어가자, 노인이 와서 은밀히 말하기를[16] "아까 소의 우열을 물었는데 대답하지 않은 것은 두 마리 소가 〈저희 집에서〉 일해 온[17] 지 오래 되어서 차마 지적하여 말할 수 없었기 때문입니다. 사실은 젊은 놈이 더 낫습니다." 공이 말에서 내려 감사하며 말했다. "노인께서는 저에게 처세의 도를 가르쳐주셨습니다."하고 평생 남의 옳고 그름을 말하지 않았다.

5-4 檀園記 단원기

古今畫家 各擅一能 未能兼工 金君士能生於東方近時 自幼治繪事 無所不能 至於人物山水 仙佛花果 禽蟲魚蟹 皆入妙品 比之於古人

16 密告 : 은밀히 말해줌. 비밀히 보고함.

17 服役 : 제자. 하인. 노역을 함.

殆無可與爲抗者 尤長於神仙花鳥 已足鳴一世而傳後代 尤善於摸寫我東人物風俗

【훈음】擅 뛰어나다 천 蟹 게 해 殆 거의 태 抗 겨루다 항

고금의 화가는, 각각 하나의 재능에 뛰어났지, 다른 기예를 겸할 수 없었다. 사능(字) 金弘道는 우리나라 근세에 태어나, 어려서부터 그림 그리는 일[18]을 익혀 못 그리는 게 없었다. 인물과 산수, 신선·부처·꽃·과일, 새·벌레·물고기·게와 같은 것에 이르기까지 모두 오묘한 등급[19]에 들어갈 정도였다. 옛사람에 비교하더라도 거의 그와 더불어 대항할 수 있다고 여길 만한 사람이 없다. 더욱이 신선·꽃·새에 뛰어나, 이미 한 시대를 울리고 후대에 전해질 만하였다. 특히 우리나라의 인물과 풍속을 묘사[20]하는데 더욱 뛰어났다.

5-5 萬德傳 김만덕전

萬德者 姓金 耽羅良家女也 幼失母 無所歸依 托妓女爲生 稍長 官府籍萬德名妓案 萬德雖屈首妓於役 其自待不以妓也 年二十餘 以其情泣訴於官 官矜之 除妓案 復歸之良 萬德雖家居乎庸奴 耽羅丈夫不迎夫 其才長於殖

---

18 繪事(그리다 회): 그림을 그림. 그림을 그리는 일.

19 妙品: 精妙한 作品. 文物이나 書畫 등의 품평에 쓰는 말.

20 摸寫(베끼다 모, 사): 그림이나 글로 묘사함.

貨 能時物之貴賤 以廢以居 至數十年 頗以積著名 聖上十九年乙卯 耽羅大饑 民相枕死 上命船粟往哺 鯨海八百里 風檣來往如梭 猶有未及時者 於是萬德捐千金貿米 陸地諸郡縣棹夫以時至 萬德取十之一 以活親族 其餘盡輸之官 浮黃者聞之 集官庭如雲 官劑其緩急分與之有差 男若女出而頌萬德之恩 咸以爲活我者萬德

【훈음】 托 의탁하다 기　稍 조금 초　籍 등록하다 적
訴 하소연하다 소　矜 불쌍히 여기다 긍　殖 불리다 식
殖 번성하다 식　廢 팔다 폐　居 쌓다 거　饑 주리다 기
哺 먹이다 포　梭 북 사　捐 내놓다 연　輸 보내다 수
劑 조절하다 제　頌 칭송하다 송

만덕은 성은 김씨이고 탐라의 양인 집 딸[21]인데, 어려서 어머니를 잃고 돌아가 의지할 곳이 없어서 기녀에게 의탁하여 생활하였다. 조금 나이가 들자, 관부에서 만덕의 이름을 기생의 명부[22]에 올렸는데 만덕은 비록 뜻을 굽히고[23] 기생의 일에 종사하였으나 자신을 기생이라 생각하지는 않았다.[24] 나이 20여 세

---

21 良家 : 부유한 집안. 문벌이 훌륭한 집안(여러 대에 걸쳐 나라의 요직을 맡아 온 집안).
良家子 : 문벌이 훌륭한 집안의 자녀.

22 妓案 : 官家에서 기록하여 두는 관기의 명부.

23 屈首 : 머리를 파묻음(볼두함). 머리를 숙임(굴복하여 순종하는 모양).

24 自待 : 자기를 어떤 사람으로 여겨 그렇게 대함.

에, 자신의 실정을 울면서 관아에 호소하니 관아에서 불쌍하게 여기고 기안에서 삭제하여 다시 양인으로 돌아갈 수 있었다. 만덕은 비록 집에서 용노[25]로 생활하였지만 탐라의 장부를 남편으로 맞이하지는 않았다. 그 재주가 재물을 불리는 데에 뛰어나 물건의 귀하고 천한 때를 맞추기에 능하여 〈물건을〉 팔거나 쌓아 두었다. 수십 년에 이르러 자못 〈재물을〉 모은 것으로써 이름이 알려졌다. 성상(正祖) 19년인 을묘년에, 제주[26]에 큰 기근이 들어 백성들이 서로 베고 죽었다.[27] 성상께서 곡식을 배에 싣고 가서 구휼하라고 명하여 넓은 바다[28] 800리에 돛단배[29]가 베틀의 북처럼 자주 왕래하였으나 오히려 때에 맞추어 구휼하지는 못하였다. 이에 만덕이 천금을 내어 쌀로 바꾸니 육지의 여러 군현의 뱃사공[30]들이 때맞춰 이르렀다. 만덕이 십 분의 일을 취하여 친족을 살리고 그 나머지는 모두 관아에 실어 보냈다. 굶주린 사람[31]들이 그것을 듣고 관청의 뜰에 구름처럼 모여드니 관청에서 그 완급을 조절하여 그것을 차등 있게

---

25 **庸奴** = **愚夫** : 식견이 얕고 비루한 사람. 경멸하는 뜻이 포함되어 있다.

26 **耽羅** : 제주도의 옛 이름.

27 **枕死** : 베고 죽음(많이 죽음). 베개를 베고 죽음(크게 쓰이지 못하고 덧없이 죽음).

28 **鯨海**(크다 경) = **鯨浦** : 넓고 큰 바다.

29 **風檣**(돛 장) : 돛단배.
風檣陣馬 : 바람을 탄 돛단배와 적진에 돌진하는 말. 속도가 빠르고 기세가 대단함. 글이나 글씨가 힘이 있음.

30 **棹夫**(노 도) : 뱃사공.

31 **浮黃** : 오래 굶주려서 살가죽이 들떠서 붓고 누렇게 되는 병.

나누어 주었다. 남자와 여자들이 나가서 만덕의 은혜를 칭송하고 모두 '나를 살려 준 사람은 만덕이다'라고 하였다.[32]

賑訖 牧臣上其事于朝 上大奇之 回諭曰 萬德如有願 無問難與易 特施之 牧臣招萬德 以上諭諭之曰 若有何願 萬德對曰 無所願 願一入京都 瞻望聖人在處 仍入金剛山 觀萬二千峯 死無恨矣 盖耽羅女人之禁不得越海而陸國法也 牧臣又以其願上 上命如其願 官給鋪馬遞供饋

【훈음】 賑 구휼하다 **진** 訖 마치다 **흘** 給 주다 **급** 舖(=鋪) 역참 **포**

진휼을 마쳤을 때, 목사[33]가 그 일을 조정에 올리니 상께서 매우 기특하게 여기고 회유[34]하기를 "만덕에게 만일 소원이 있다면, 어려운 일인지 쉬운 일인지 따지지 말고 특별히 시행하도록 하라." 하였다. 목사가 만덕을 불러 상께서 회유하신 내용으로 諭示하기를, "너는 소원이 무엇이냐?" 하니, 만덕이 대답하기를 "바라는 것은 없습니다만, 원컨대 한번 서울[35]로 들어가

---

32 以爲 : ~라고 여기다, ~라고 하다.

33 牧臣 = 牧使 : 고려와 조선 시대에 지방 행정 단위의 하나인 목을 맡아 다스리던 직책.

34 回諭(깨우치다 유) : 회답하는 諭旨.

35 京都 = 京轂. 京闕. 京國. 京洛. 京輦. 京里. 京門. 京師. 京城. 京市. 京邑. 京兆 : 서울.

성상께서 계신 곳을 멀리서 바라보고,[36] 이어 금강산으로 들어가 1만 2000봉을 구경하고 싶습니다. 그러면 죽어도 한이 없겠습니다." 하였다. 대개 탐라의 여인이 바다를 건너 육지에 오르지 못하게 금하는 것은 국법이기 때문이었다. 목사가 다시 그녀의 소원을 上奏하니 상께서 그 소원대로 해주라고 명하였다. 그래서 관아에서 역참의 말[37]을 지급하고 〈이르는 곳마다〉 음식을 제공하게 하였다.[38]

萬德一帆踔雲海萬頃 以丙辰秋入京師 一再見蔡相國 相國以其狀白 上命宣惠廳月給粮 居數日 命爲內醫院醫女 俾居諸醫女班首 萬德依例詣內閤門 問安殿宮 各以女侍 傳敎曰 爾以一女子 出義氣 救饑餓千百名 奇哉 賞賜甚厚 居半載 用丁巳暮春 入金剛山 歷探萬瀑衆香奇勝 遇金佛輒頂禮 供養盡其誠 盖佛法不入耽羅國 萬德時年五十八 始見有梵宇佛像也 卒乃踰鴈門嶺 由楡岾下高城 泛舟三日浦 登通川之叢石亭 以盡天下瑰觀 然後還入京 留若干日

【훈음】 踔 뛰어넘다 초 狀 정황 상 白 아뢰다 백 粮 양식 량

---

36 瞻望(보다 첨) : 멀리 바라봄.

37 馬遞(역말 체) : 역참의 말(공문서를 전달함).

38 供饋(베풀다 공, 음식을 보내다 궤) : 음식물을 나누어 줌.

例 관례 례 **詣** 이르다 예 **瑰** 아름답다 괴

만덕은 돛단배를 타고[39] 만경의 구름 낀 바다[40]를 건너, 병진년 가을에 서울로 들어와 한두 번 상국 蔡濟恭을 만나 보았는데, 상국이 그 정황을 아뢰니, 상께서 선혜청에 명하여 다달이 식량을 지급하게 하였다. 그리고 며칠이 지났을 때, 내의원 의녀로 임명하여 의녀들의 반수[41]가 되게 하라고 명하였다. 만덕이 규례에 따라 내합문에 이르러 전궁[42]에 문안하니, 각 전궁에서 여시[43]를 시켜 전교[44]하기를 "너는 일개 아녀자로서 의기를 내어 굶주린 백성 천백 명을 구제하였으니, 기특한 일이다." 하고, 상[45]을 매우 후하게 내렸다. 반년 동안 머물다가, 정사년 늦봄에 금강산으로 들어가서 萬瀑洞과 衆香峰 등 수려한 경치[46]를 두루 찾아다녔는데, 금부처를 만나면 번번이 정례[47]를 행하고 정성을 다해 공양하였으니 대개 불법이 탐라국에 들어가지 않아서 만덕은 당시 58세에야 처음으로 범우[48]와 불상을 보았

---

39 **一帆**(돛 범): 하나의 돛. 배 한 척.

40 **雲海**: 바다처럼 널리 깔린 구름(끝없이 넓은 바다.).

41 **班首**: 班列의 우두머리.

42 **殿宮**: 慈殿과 慈宮. 자전은 영조의 둘째비인 貞純王后를 말하고, 자궁은 정조의 어머니이자 사도세자의 비인 惠嬪 洪氏를 말한다. **各殿宮**: 왕·왕비·동궁·빈 등을 두루 이르는 말.

43 **女侍**: 侍女.

44 **傳敎**: 敎書를 전함. 임금의 교서·명령 등을 전함.

45 **賞賜**: 상으로 재물을 내려 줌.

46 **奇勝**: 수려한 경치.

47 **頂禮**: 이마를 땅에 대고 가장 공경하는 뜻으로 하는 절.

48 **梵宇**: 절.

기 때문이다. 마침내 안문령을 넘고, 유점사를 거쳐 고성으로 내려간 다음, 삼일포에서 뱃놀이를 하고, 통천의 총석정에 오르는 등 천하의 아름다운 절경을 다 구경한 뒤에 다시 서울로 들어와 며칠을 머물렀다.

將歸故國 詣內院告以歸 殿宮皆賞賜如前 當是時 萬德名滿王城 公卿大夫士無不願一見萬德面 萬德臨行 辭蔡相國 哽咽曰 此生不可復瞻相公顔貌 仍潸然泣下 相國曰 秦皇漢武皆稱海外有三神山 世言我國之漢拏 卽所謂瀛洲 金剛卽所謂蓬萊 若生長耽羅 登漢拏 斞白鹿潭水 今又踏遍金剛 三神之中 其二皆爲若所包攬 天下之億兆男子 有能是者否 今臨別 乃反有兒女子刺刺態 何也 於是敍其事 爲萬德傳 笑而與之 聖上二十一年丁巳夏至日樊巖蔡相國七十八 書于忠肝義膽軒

【훈음】 詣 이르다 예　辭 이별하다 사　潸 눈물 흐르다 산
斞 뜨다 구　刺 찌르다 자　樊 울타리 번　踏 밟다 답
遍 두루 편

고향으로 돌아가려 할 때, 內醫院[49]에 이르러 돌아가겠다고 고하니, 전궁에서 모두 전처럼 상을 내려 주었는데, 이때 만덕의 이름이 왕성에 가득하여, 공경과 대부와 선비 들이 너나없

49 內院 : 內醫院.

이 한번 만덕의 얼굴을 보기를 원하였다. 만덕이 떠날 때, 상국 蔡濟恭에게 이별을 고하며 목이 메어[50] 말하기를, "이생에서는 다시 상공의 존안과 모습을 뵙지 못하겠습니다." 하고, 눈물을 줄줄 흘렸다. 상국이 말하기를, "秦 始皇과 漢 武帝는 모두 바다 밖에 삼신산[51]이 있다고 일컬었는데, 세상에서 말하기를 '우리나라의 한라산이 바로 영주이고, 금강산이 바로 봉래이다'라고 하였다. 너는 탐라에서 나고 자랐으니, 한라산에 올라 백록담의 물을 떠 마셨을 것이고, 지금 또 금강산을 두루 답사하였으니, 삼신산 가운데 두 곳은 네가 유람한[52] 셈이다. 천하의 수많은 남자 중에 이렇게 유람할 수 있는 사람이 있겠느냐? 그런데 지금 이별하는 자리에서 도리어 아녀자의 수다스러운[53] 태도를 보이는 것은 무엇 때문이냐?" 하고, 이에 그 일을 서술하여 〈만덕전〉을 지은 다음 웃으며 주었다. 성상 21년 정사년 하지일에, 78세의 번암 채상국은 충간의담헌에서 쓰다.

【출처】 미래엔 15과 , 다락원 12과, 장원교육 20과, (2015개정)비상교육 11과, (2015개정)씨마스 12과

5-6 崔興孝, 李澄, 鶴山守 최흥효, 이징, 학산수

雖小技 有所忘 然後能成 而況大道乎 崔興孝通國之善書者也 嘗赴擧書卷 得一字類王羲

---

50 哽咽(목메다 경, 열) = 哽哽噎噎. 哽噎 : 슬퍼서 목이 멤.

51 三神山 : 神仙이 살고 있다는 세 산(蓬萊山·方丈山·瀛洲山).

52 包攬(가지다 람) : 일의 전부를 담당함.

53 剌剌(말이 많다 척) : 말이 많은 모양.

之 坐視終日 忍不能捨 懷卷而歸 是可謂得失不存於心耳 李澄幼 登樓而習畵 家失其所在 三日乃得 父怒而笞之 泣引淚而成鳥 此可謂忘榮辱於畵者也 鶴山守通國之善歌者也 入山肄 每一闋 拾沙投屐 滿屐乃歸 嘗遇盜將殺之 倚風而歌 群盜莫不感激泣下者 此所謂死生不入於心

【훈음】 笞 매질하다 태 通 모두 통 肄 익히다 이 闋 끝나다 결 屐 나막신 극

아무리 작은 기예라 할지라도, 다른 것을 잊어버리고 〈매달린〉 이후에야 이루어지는 법인데, 하물며 큰 도에 있어서랴?[54] 최흥효[55]는 온 나라에서 글씨를 제일 잘 쓰는 사람이었다. 일찍이 과거에 응시하여[56] 시권을 쓰다가 그중에 글자 하나가 왕희지[57]의 서체와 비슷한 것을 발견하고는, 종일토록 들여다보고 앉았다가, 차마 그것을 제출할 수가 없어[58] 시권을 품에 품고 돌아왔다. 이쯤 되면 '利害得失 따위를 마음속에 두지 않는다'

54 況A乎 = 況在於A乎 : 하물며 A에 있어서랴?

55 崔興孝 : 조선 전기의 문신이자 서예가로, 나라에서 알아주는 名筆이었다. 당시 기록에 '초서는 최흥효'라는 평이 남아 있을 만큼 草書에 능하였다.

56 赴擧(나아가다 부) : 科擧를 보러 감.

57 王羲之 : 중국 晉나라 때의 서예가로 書聖이라 일컬음.

58 捨 : '〈손에서〉 버리다'라는 뜻으로, 여기서는 '제출하다'로 풀이한다.

고 이를 만하다. 이징[59]이 어릴 때, 다락에 올라가 그림을 익히고 있었는데, 집에서 그가 있는 곳을 몰라서 사흘 동안 찾다가 마침내 찾아냈다. 부친이 노하여 종아리를 때렸더니 울면서도 떨어진 눈물을 끌어다 새를 그리고 있었다. 이쯤 되면 '그림에 온통 빠져서 영욕을 잊어버렸다'고 이를 만하다. 학산수[60]는 온 나라에서 노래를 제일 잘 부르는 사람이었다. 그가 산속에 들어가 소리를 익힌 적이 있었는데, 매양 한 가락을 마치면 모래를 주워 나막신에 던져서 그 모래가 나막신에 가득 차야만 돌아왔다. 일찍이 도적을 만나 장차 죽게 되었는데, 바람결에 따라 노래를 부르자, 뭇 도적들이 모두 감격하여 눈물을 흘리지 않는 자가 없었다. 이쯤 되면 '죽고 사는 것을 마음속에 두지 않는다'고 이를 만하다.

吾始聞之 歎曰 夫大道散久矣 吾未見好賢如好色者也 彼以爲技足以易其生 噫 朝聞道夕死可也 桃隱書炯菴叢言凡十三則爲一卷 屬余敍之 夫二子專用心於內者歟 夫二子游於藝者歟 將二子忘死生榮辱之分 而至此其工也 豈非過歟 若二子之能有忘 願相忘於道德也

【훈음】 噫 탄식하다 희

나는 처음 그 이야기를 듣고서 이렇게 탄식하였다. "큰 道

59 李澄 : 1581~? 유명한 화가였던 宗室 鶴林正 이경윤(李慶胤)의 서자로 태어났다. 圖畵署 畵員이 되었으며, 산수화에 뛰어났다고 한다.

60 鶴山守 : 성명은 未詳이다. 守는 宗親府의 정4품 벼슬이다.

가 흩어진 지 오래되어, 어진 이를 좋아하기를 여색 좋아하듯 이 하는 사람을 나는 보지 못하였다. 그런데 저들은 기예를 위해서라면 자기의 목숨마저도 바꿀 수 있다 여겼으니, 아! 이것이 바로 '아침에 도를 들으면 저녁에 죽어도 좋다는 것'이로구나." 도은이 《炯菴叢言》[61] 도합 열세 조목을 글씨로 써서 한 권의 책자로 만들어, 나에게 서문을 써 줄 것을 부탁하였다. 도은과 형암 이 두 사람은 내적인 면에 오로지 마음을 쓰는 사람인가? 이 두 사람은 육예 속에서 노니는 사람[62]인가? 〈그것이 아니고〉 이 두 사람이 사생과 영욕의 분별을 잊어버리고 이와 같이 정교한 경지에 이르렀다면, 어찌 지나친 것이 아니겠는가? 만약 이 두 사람이 〈무언가를 위해 다른 모든 것을〉 잊을 수 있다면, 도와 덕 속에서 서로를 잊고 지내기 바란다.[63]

---

61 **炯菴叢言**:李德懋가 지은 책인데, 《靑莊館全書》에는 전하지 않는다. 형암은 이덕무의 호이다.

62 **游於藝者**:六藝는 禮·樂·射·御·書·數를 말한다. 孔子가 이르기를 "도에 뜻을 두고, 덕에 의거하며, 인에 의지하며, 예에서 노닌다.〔志於道 據於德 依於仁 遊於藝〕" 하였는데, 앞의 세 항목이 '내적인 면에 마음을 쓰는' 것이라면, 육예에서 노니는 것은 외적인 면, 즉 일상적인 행동을 통해 수양에 힘쓰는 것을 뜻한다. 朱子의 주에 따르면, 그렇게 할 때 본말을 갖추게 되고 내외가 서로 함양된다고 하였다.

63 **願相忘於道德也**:《莊子》에, 물고기들이 샘물이 말라붙는 바람에 졸지에 육지에 처하여 서로 습기를 호흡하고 입의 거품으로 서로의 몸을 축여 주느라 고생하고 있는데, 그보다는 '강과 호수에서 서로를 잊고 지내는 것〔相忘於江湖〕'이 낫다고 하였다. 연암은 유교의 禮樂과 仁義를 모두 잊어버릴 것을 역설한 《壯者》의 一節을 변용하여, 도리어 '도에 뜻을 두고 덕에 의거하라'는 공자의 말씀을 철저히 실천하는 일 외에 다른 모든 일을 잊어버리라는 뜻으로 이

【출처】 동아출판 12과, 대학서림 6과, 비상교육 12과, (2015개정)다락원 10과, (2015개정)비상교육 10과

5-7 淵雷遺稿 연뢰유고

吾亦嘗學爲山水矣 然度無以壓倒今之畫師而出其上 故擇物而習焉 猫之理在吾心 態在吾目然後 猫之形觸吾手而出

【훈음】 度 헤아리다 탁

나 또한 일찍이 산수화 그리기를 배웠다. 하지만 헤아려 보니 지금의 화가들[64]을 압도[65]하여 그보다 뛰어날 길이 없었다. 그래서 사물을 가려서 그것을 연습하였다. 고양이의 생리가 내 마음에 있고, 동태가 내 눈에 있게 된 연후에야, 고양이의 형상이 내 손을 거쳐 드러나게 됐다.

【출처】 천재교육 14과

5-8 洪瑞鳳 홍서봉

洪相國瑞鳳之大夫人 家甚貧 疏食菜羹 每多空乏 一日 遣婢買肉而來 見肉色 似有毒 問婢曰 所買之肉 有幾許塊耶 乃賣首飾得錢 使婢

런 말을 한 것이다.

64 畫師 : 화가.

65 壓倒 : 초월함. 남보다 월등함.

盡買其肉 而埋于墻下 恐他人之買食生病也 相國曰 母氏此心 可通神明 子孫必昌

【훈음】 **婢** 여종 **비** **買** 사다 **매** **塊** 덩어리 **괴** **盡** 모두 **진** **埋** 묻다 **매** **墻** 담 **장** **昌** 번성하다 **창**

정승[66] 홍서봉[67]의 어머니는 집이 매우 가난하였다. 거친 밥[68]과 나물국[69]도 매번 거를 때[70]가 많았다. 하루는 여종으로 하여금 고기를 사 가지고 오라고 하였는데, 고기 빛깔을 보니 독이 있는 것 같았다. 여종에게 물었다. "살 수 있는 고기가 몇[71] 덩어리나 있더냐?" 이에 머리 장식을 팔아 돈을 마련하여, 여종으로 하여금 그 고기를 모두 사서, 담장 아래에 묻게 하였으니, 다른 사람들이 사 먹고 병이 날까 염려해서였다. 상국이 말했다. "어머니의 이 마음이 신명[72]에 통하여 자손이 반드시 번창할 것입니다."

【출처】 동아출판 13과, (2015개정)다락원 9과

5-9 傳奇叟 전기수

---

66 **相國**: 정승.

67 **洪瑞鳳**: 조선 인조 때의 정승.

68 **疏食**: 거친 밥. 변변하지 못한 음식. "飯疏食飮水 曲肱而枕之 樂亦在其中矣"《論語》〈述而〉

69 **菜羹**(국 갱): 나물국.

70 **空乏**: 곤궁함. 궁핍함.

71 **幾許**: 얼마. 몇.

72 **神明**: 천지 사이에 있는 일체의 신령.

叟居東門外 口誦諺課稗說 如淑香蘇大成沈清薛仁貴等傳奇也 月初一日 坐第一橋下 二日 坐第二橋下 三日 坐梨峴 四日 坐校洞口 五日 坐大寺洞口 六日 坐鍾樓前 溯上旣 自七日 沿而下 下而上 上而又下 終其月也 改月亦如之 而以善讀故 傍觀匝圍 夫至最喫緊 甚可聽之句節 忽默而無聲 人欲聽其下回 爭以錢投之 曰此乃邀錢法云

【훈음】 課 학습하다 과 溯 거슬러 올라가다 수 旣 마치다 기
沿 따라 내려가다 연 匝 둘레 잡 回 횟수 회 邀 구하다 요

전기수는 동대문 밖에 살고 있다. 입으로 언문 소설책을 읊는데, 〈숙향전〉, 〈소대성전〉, 〈심청전〉, 〈설인귀전〉 등과 같은 전기들이었다. 매달 초하루는 제일교에 앉고, 이틀째는 제이교에 앉고, 삼일째는 배오개[73]에 앉고, 사일째는 교동 입구에 앉고, 오일째는 대사동[74] 입구에 앉고, 육일째는 종각 앞에 앉는다. 거슬러 올라가는 것이 끝나면 7일부터, 따라서 내려온다. 내려갔다가 올라가고, 올라갔다가 다시 내려가, 그 달을 마치고 달이 바뀌어도 똑같이 했다. 잘 읽기 때문에 곁에서 보는 자가 둘레를 둘렀다. 가장 형세가 급박하여[75] 매우 들을 만한 구절에 이르면 갑자기 입을 다물고 말을 하지 않는다. 사람들은 그 다

73 梨峴 : 지금의 종로 4가에서 5가 사이에 있던 지명.

74 大寺洞 : 파고다 공원에서 인국동으로 들어가는 데 있던 지명.

75 喫緊 : 매우 중요함. 형세가 급박함.

음 회를 듣고 싶어 다투어 돈을 그에게 던지는데, 이것을 바로 '요전법'이라고 한다.

5-10 饌品之中 何物爲上
반찬의 재료 중에 어떤 것이 가장 중요한가

上試問於諸王子曰 饌品之中 何物爲上 光海對曰 鹽也 上問其故 對曰 調和百味 非鹽則不成矣

宣祖께서 시험 삼아 여러 왕자들에게 물었다. "반찬의 재료[76] 중에 어떤 것이 가장 중요한가?" 광해군이 "소금입니다."라고 대답하자, 선조께서 그 까닭을 물었다. 광해군이 "온갖 맛을 조화롭게 하는데,[77] 소금이 아니면 맛이 완성되지 않습니다."라고 대답하였다.

5-11 賑恤 진휼

有丐者 言飢於忠寧大君(世宗潛邸時爵號) 忠寧以聞太宗曰 中外飢民 已令有司賑濟 毋致飢餓 何不謹奉行如是耶 忠寧見予矜恤飢寒有所見聞 輒必來告 然垂死之民 見王子然後獲食非可繼之道也 命治主者罪

76 饌品(반찬 찬) = 饌需. 饌物 : 반찬이나 반찬거리.

77 調和(고르다 조) : 요리함. 음식 맛을 알맞게 맞춤. 어울리고 화합함.

【훈음】丐 거지 개

굶주린 사람이 있어 굶주림을 충녕대군(세종이 등극하지 않은 시절의 작호)에게 말했다. 충녕이 그것을 〈태종에게〉 아뢰니, 태종이 말했다. "수도와 지방의 굶주린 백성은 이미 유사[78]로 하여금 진휼케[79] 하였으니, 굶주림에 이르지 말도록 했는데, 어찌하여 삼가 받들어 행하지 않고 이와 같은 것인가? 충녕은 내가 굶주림과 추위를 긍휼히 여기고 구휼함[80]을 보아, 보고 들은 것이 있을 때마다 반드시 와서 보고하였다. 그러나 거의 죽을 지경인[81] 백성들은 충녕을 만난 후에야 먹을 것을 얻는 것은 〈생명을〉 이어갈 만한 도리가 아니다. 이것은 다스림을 명령하는 군주의 잘못이로다."

5-12 士小節 사소절

退溪先生僑居漢城 鄰家栗樹數枝過檣 子熟落庭 恐兒童取食 拾而投之墻外

【훈음】僑 임시로 살다 교　檣 담 장　子 열매 자　恐 염려하다 공
拾 줍다 습

퇴계 선생이 임시로 한성[82]에 살[83] 때, 이웃집의 밤나무 몇

---

78 有司：관청이나 단체에서 일정한 사무를 맡아 보는 직무.

79 賑濟(구휼하다 진)：재물을 베풀어 구제함.

80 矜恤(불쌍히 여기다 긍, 구휼하다 휼)：불쌍히 여겨 돌보아 줌.

81 垂死(거의 수)：거의 죽게 됨.

82 漢城：서울.

83 僑居：타향에서 임시로 삶.

가지가 담장을 넘었다. 밤톨이 익어 뜰로 떨어지니, 아이들이 취하여 먹을까 염려하여, 주워 담장 너머로 이를 던지더라.

5-13 士小節 사소절

許魯齋 暑中過河陽 暍甚 道有梨 衆爭取啖 而獨危坐 或言 世亂 此無主 曰 梨無主 吾心獨無主乎

【훈음】 **魯** 노둔하다 **노** **暑** 더위 **서** **過** 지나다 **과** **齋** 집 **재**
暍 더위 먹다 **갈** **梨** 배 **리** **啖** 먹다 **담** **或** 어떤 사람 **혹**

허노재[84]가 더위 속에서 하양을 지날 때, 더위 먹은 것이 심했다. 길에 배나무가 있어서 무리가 다투어 취하여 먹었지만 홀로 바르게 앉아 있었다.[85] 어떤 사람이 말하였다. "세상이 혼란하여 이것이 주인이 없소." 허노재가 말하였다. "배나무는 주인이 없을지언정, 내 마음은 어찌 주인이 없겠는가[86]?"

【출처】 장원교육 19과

5-14 李後白 이후백

吏曹判書李後白辭疾免 後白爲銓長 務崇公論 不受請托 政事可觀 雖親舊 若頻往候之

---

84 許魯齋 : 許衡으로, 중국 元나라 때의 학자.

85 危坐 : 〈상체를 곧게 하고〉 바르게 앉음.

86 獨A乎 : 어찌 A하겠는가?

則深以爲不悅 一日有族人往見 語次示求官之意 後白變色 示以一紙 多記人姓名 將以除官者也 其族人姓名亦在錄中 後白曰 吾錄子名將以擬望 子有求官之語 若求者得之 非公道也 惜乎 子若不言 可以得官矣 其人大慚而退 後白每除一官 必遍問其人可仕與否 若誤除不合之人 則輒終夜不眠曰 我誤國事

【훈음】 **候** 방문하다 **후**　**除** 임명하다 **제**　**擬** 비기다 **의**
慚 부끄럽다 **참**　**輒** 문득 **첩**

이조판서 李後白이 병으로 사면하였다.[87] 이후백이 이조판서[88]가 된 뒤로 공론을 숭상하고 청탁을 받지 않아 정사가 볼만하였다. 비록 친구라 할지라도, 만약 자주 찾아가 방문하면, 매우 기쁘게 생각하지 않았다. 하루는 친척[89]이 찾아가 보면서 말하는 도중[90]에 관직을 구하는 의사를 보이니 이후백이 얼굴빛을 고치며 사람들의 성명이 많이 기록된 종이 한 장을 내어 보이는데 모두 장차 벼슬을 시킬 사람들이었고 그 족인의 이름도 기록 안에 들어있었다. 이후백이 안색이 변하며 종이 한 장을 보여주는데, 사람들의 성명이 많이 기록된 것으로 장차 벼슬을 줄 사람들이었고, 그 친척의 성명도 기록 안에 들어

87 **辭疾 = 辭病**: 병이 날까 염려하여 건강에 해로운 일을 그만둠.

88 **銓長**(뽑다 전) = **銓相. 銓席. 銓判. 大冢宰**: 吏曹의 判書.

89 **族人**: 같은 宗族이면서 有服親이 아닌 사람. 촌수가 먼 동족의 통칭.

90 **語次**: 이야기하는 사이에. 말하는 도중에.

있었다. 이후백이 말하였다. "내가 자네 이름을 기록하여 장차 관직에 추천하고자[91] 하였는데, 지금 자네가 벼슬을 구하는 말을 하니, 만약 요구한 자가 그것을 얻는다면 공정한 도리가 아니다. 애석하구나! 그대가 만약 말하지 않았다면 벼슬을 얻을 수 있었을 것이다." 그 사람이 매우 부끄러워하며 물러갔다. 이후백은 늘 한 명의 관원을 임명할 때면 반드시 그 사람이 벼슬할만한가를 두루 묻고, 만약 합당하지 못한 사람을 잘못 임명하면 번번이 밤새 잠들지 못하고, "내가 국사를 그르쳤다."라고 하였다.

【출처】 박영사 21과

5-15 針隱趙生光一傳 침은 조광일 선생 전

余嘗從容問曰 夫醫者賤技 閭巷卑處也 以子之能 何不交貴顯取聲名 乃從閭巷小民遊乎 何其不自重也

내가 한 번은 조용히[92] 그에게 물었다. "무릇 의술이란 천한 재주이고, 여항[93]은 비루한 곳이라네. 자네 같은 능력을 가지고 어찌하여 귀하고 현달한 사람과 사귀어 명성을 얻지 않고, 여항의 서민들과 어울리는가? 어찌하여 自重[94]하지 않는가?"

---

91 擬望: 관원을 뽑을 때 세 사람의 후보자를 추천하는 일.

92 從容: 조용히.

93 閭巷: 골목이나 거리.

94 自重: 언행이나 몸가짐 따위를 신중하게 함. 자신의 지위나 가치를 높임.

生笑曰 丈夫不爲宰相 寧爲醫 宰相以道濟民 醫以術活人 窮達則懸 功等耳 然宰相得其時 行其道 有幸不幸焉 食人食而任其責 一有不獲則咎罰隨之 醫則不然 以其術行其志 無不獲焉 不可治則舍而去之 不吾尤焉 吾故樂居是術焉

【훈음】濟 구제하다 제 等 같다 등 尤 탓하다 우

소광일은 웃으면서 대답하였다. "장부가 宰相이 되지 못한다면, 차라리 의원이 되는 것이 낫습니다. 재상은 道로써 백성을 구제하고, 의원은 의술로써 사람을 살리지요. 곤궁하고 현달한 것은 현격하게 다르지만, 이룩한 공적은 같습니다. 하지만 재상은 때를 만나서 도를 행하는데 幸不幸이 있지요. 다른 사람의 녹을 먹으며 그 책임을 맡아야 하니,[95] 하나라도 성과를 얻지 못하면 책망과 벌[96]이 뒤따릅니다. 하지만 의원은 그렇지 않지요. 자신의 의술로 자신의 뜻을 행하여 효과를 보지 못함이 없습니다. 치료가 불가능한 경우에는 내버려두고 떠나도, 나를 탓하지 않습니다. 저는 그런 까닭에 의술에 몸담은 것을 즐거이 여깁니다.

吾爲是術 非要其利 行吾志而已 故不擇貴賤焉 吾疾世之醫 挾其術以驕於人 門外騎相屬

95 任責 : 職分상 당연히 해야 할 일. 책임을 짐.

96 咎罰(허물 구) : 죄에 대한 징벌.

家設酒肉以待 率三四請 然後肯往 又所往 非貴勢家則富家也 若貧而無勢者 或拒以疾 或諱以不在 百請而不一起 是豈仁人之情哉 吾所以專遊民間 而不干於貴勢者 懲此輩也 彼貴顯者 寧少吾輩哉 所哀憐 獨閭巷窮民耳 且吾操針而遊於人 十餘年矣 或日療數人 月活十數人 計所全活 不下數百千人 吾今年四十餘 復數十年 可活萬人 活人至萬 吾事畢矣

【훈음】 要 바라다 요 挾 믿고 의지하다 협 率 대략 솔
諱 감추다 휘 干 간여하다 간 懲 징계하다 징 閭 마을 려
療 고치다 료

제가 의술을 행하는 것은 이익을 바라서가 아니요, 내 뜻을 행하기 위해서일 뿐이니, 귀하고 천함을 가리지 않습니다. 저는 세상의 의원들이 자신의 의술에 빙자하여 사람들에게 교만하게 구는 것이 밉습니다. 문밖에는 모시러 온 말들이 줄을 짓고, 집안에는 술과 고기를 마련하여 대접을 하지요. 대략 서너 번 간청을 한 뒤에야 가는데, 또 그가 가는 곳은 귀하고 권세가 있는 집안 아니면 부유한 집안입니다. 가난하고 힘이 없는 사람들에게는 간혹 몸이 편치 않다고 거절하거나, 간혹 숨어서 집에 없다고 둘러대어, 백 번 간청을 해도 한 번도 가지 않으니, 이 어찌 어진 사람의 마음이겠습니까? 제가 오로지 백성들 사이에서만 돌아다니면서, 귀하고 세력 있는 사람들을 상관하지 않는 것은 이러한 무리를 징계하고 싶어서입니다. 저 귀하

고 현달한 사람[97]들이야 어찌 저 같은 의원 무리가 모자라겠습니까? 불쌍하고 가련한 것은 다만 여항의 곤궁한 백성들일 뿐입니다. 또 제가 침을 쥐고 사람들 사이를 노닌 지 십여 년입니다. 어떤 날은 몇 사람을 치료하고, 어떤 달에는 수십 인을 살렸으니, 살려낸 사람을 모두 헤아려보면 수백 명에서 천 명 아래는 아닐 것입니다. 제 나이가 금년에 사십여 세이니, 다시 수십 년을 더 한다면 만여 명은 살릴 수 있겠지요. 살려낸 사람이 만 명에 이르면 제 일도 모두 끝날 것입니다."

余始聞而瞠爾 旣而嘆曰 今人有一能 則求售於世 施人以薄惠 則操右券而責直 俯仰勢利之間 無所取則唾而不顧 趙生術高而不干名 施博而不望報 趍人急而必先乎窮無勢者 其賢於人遠矣 吾聞活千人 必食陰報 生其有後於是邦乎

【훈음】 **瞠** 눈을 휘둥그레 뜨고 보다 **당** **售** 팔다 **수** **操** 잡다 **조**
唾 침을 뱉다 **타** **干** 구하다 **간** **趍** 달려가다 **추**

내가 처음 이 말을 들을 때 눈이 휘둥그레졌다가, 이윽고[98] 탄식하며 말하기를 "지금 사람들은 한 가지 능력만 있으면 바로 세상에 팔리기를 구하고 조그마한 은혜라도 남에게 베풀었다면

---

97 **貴顯** : 높은 지위에 있으면서 명성을 세상에 드날림. 지위가 높고 권세가 큰 사람.

98 **旣而** : 이윽고. 얼마 후. 머지않아. "旣而曰 鄙哉硜硜乎"《論語》〈憲問〉

證書[99]를 들고 값을 치르라고 독촉하는 것처럼 한다. 권세와 이익의 사이에서 좇아다니면서,[100] 취할 것이 없으면 침을 뱉고 돌아보지도 않는다.[101] 조생은 의술이 고명하면서도 명성을 구하지 않고, 널리 베풀면서도 보답을 바라지 않으며, 위급한 사람에게 달려가면서 반드시 곤궁하고 세력이 없는 자를 우선시하니, 그는 남들보다 현저하게 어진 사람이다. 내가 듣기에 '천 명을 살리면 반드시 陰報[102]를 받는다'고 한다. 조생은 아마 이 나라에서 훌륭한 후손을 두게 될 것이다![103]"라고 하였다.

【출처】 비상교육 13과, 천재교육 16과, (2015개정)천재교과서 7과

5–16 近臣鑑戒 근신들이 본보기로 삼을 만한 일

純廟初年 每於燕閒之夜 招軍職宣傳諸臣 與之玩月 一夜 命軍職從門隙買麪以入曰 欲與爾輩同喫冷麪 一人自貿猪肉而來 上問所買者焉用 對以供於麪需 不答之 及麪之賜也 獨置貿猪者而不與曰 渠則自有所喫之物 邇密之侍者 殊可以爲戒也

---

99 右券(증서 권) = 右契 : 두 쪽으로 나눈 符節의 오른쪽.
操右券 : 계약을 맺은 券을 나누어 그 오른쪽 것을 소지함.

100 俯仰 : 굽어보고 쳐다봄. 세속의 흐름에 적당히 따름.

101 不顧 : 돌아보지 않음. 고려하지 않음.

102 陰報(몰래 음) : 암암리에 보복함. 저승에서 받는 報應.

103 其A乎 : 아마 A일 것이다(추측이나 감탄).

【훈음】 麵 국수 면 喫 먹다 끽 自 따로 자 貿 사다 무 猪 돼지 저 焉 어디 언 供 올리다 공 需 제공하다 수 渠 그 거 邇 가깝다 이 殊 특히 수

純祖[104]가 초년에, 한가로운 밤이면 매번 무관[105]과 宣傳官[106]들을 불러, 함께 달을 감상하곤 하셨다. 어느 밤 純祖가 무관들에게 문틈으로 면을 사서 궁에 들여오도록 명하며 말했다. "그대들과 함께 냉면을 먹고 싶구나." 〈그런데〉 한 사람이 따로 돼지고기를 사 왔는데, 임금이 "사 온 것은 어디에 쓰려는고?" 묻자, "면에 넣어 먹으려고 합니다."라고 대답했다. 〈임금은〉 아무 대답도 하지 않더니, 냉면을 하사할 때가 되자, 돼지고기를 사 온 사람만 혼자 두고 〈냉면을〉 주지 않으며 말했다. "저 놈은 먹을 것이 따로 있을 것이야." 〈이 일은〉 측근 侍臣이 특히 본보기로 삼을 만한 일이다.

【출처】 천재교육 15과

5-17 犬馬最難 개와 말이 그리기 어렵다

客有爲齊王畫者 齊王問曰 畫孰最難者 曰 犬馬最難 孰易者 曰 鬼魅 最易 夫犬馬 人所知也 旦暮罄於前 不可類之 故難 鬼魅無形者 不罄於前 故易之也

---

104 純廟 : 조선 23대 임금인 純祖.

105 軍職 : 군대에 관한 일을 맡아 보는 벼슬.

106 宣傳 = 宣傳官 : 宣傳官廳에 딸린 한 벼슬.

【훈음】 **類** 비슷하다 **류** **罄** 보이다 **경**

賓客 중에 제나라 임금을 위하여 그림을 그리는 자가 있다. 제나라 임금이 묻기를 "그림은 무엇이 가장 〈그리기가〉 어려운 것인가?" "개와 말이 가장 〈그리기가〉 어렵습니다." "무엇이 〈그리기가〉 쉬운 것인가?" "도깨비[107]가 가장 쉽습니다. 대개와 말은 사람이 아는 것으로서, 아침저녁으로 앞에 〈보여서〉 그것을 비슷하게 그릴 수가 없으니, 그러므로 어렵습니다. 도깨비는 형체가 없는 것이라서, 앞에 보이지 않으니, 그러므로 〈그것을 그리기〉 쉽게 여기는 것입니다."

【출처】 (2015 개정)동아출판 7과

5-18 崔七七傳 최칠칠전

崔北七七者 世不知其族系貫縣 破名爲字 行于時……嗜酒 喜出遊 入九龍淵 樂之甚 飮劇醉 或哭或笑 已又叫號曰 天下名人崔北 當死於天下名山……人有求爲山水 畫山不畫水 人怪詰之 七七擲筆 起曰 唉 紙以外 皆水也

【훈음】 **劇** 심하다 **극** **叫** 부르짖다 **규** **詰** 따지다 **힐** **擲** 던지다 **척** **唉** 탄식하다 **애**

최북 칠칠은, 세상 사람들이 그의 가계와 본관[108]을 알지 못하였다. 이름을 쪼개어 자로 삼아, 당시에 行世하였다. 술을 즐

---

107 **鬼魅**(도깨비 매) = **鬼彪**. **鬼魍**: 요괴. 도깨비.

108 **貫縣**: 본관 고을.

기고, 나가 노닐기를 좋아하였다. 〈금강산〉 구룡연에 들어가서는, 즐거움이 심하여, 〈술을〉 마시고 매우 취하여, 울다가 웃다가 하고, 얼마 지나지 않아 또 크게 부르짖어 말하였다. "천하의 명인 최북은, 마땅히 천하의 명산에서 죽어야 한다." 어떤 사람이 산수화를 그려 달라고 요구하였는데, 산은 그리고 물은 그리지 않았다. 그 사람이 괴상히 여겨 따지니, 칠칠이 붓을 던지고 일어나 말하였다. "어허! 종이 바깥은, 모두 물이오."

【출처】 (2015 개정)미래엔 15과

5-19 於于野談 어우야담

近世有田舍人 亦當夏月之夕 加足於門櫳之上 仍着睡矣 有蛇入盤于褌中 不出 覺而料之 則難免矣 側臥十歲幼子 攬睡而問之曰 此將奈何 兒捷起附耳 曰 潛臥勿動 卽出井甃間 得一蛙而來 觸柱聲出 蛇聞之 敍身修然而出 遂得免害

【훈음】 當 당하다 당　加 올리다 가　仍 이에 잉　盤 똬리를 틀다 반
褌 잠방이(가랑이가 무릎까지 내려오도록 짧게 만든 홑바지) 곤
覺 깨다 교　料 헤아리다 료　攬 거두어들이다 람
捷 빠르다 첩　附 붙이다 부　潛 가만히 잠　甃 벽돌 추
蛙 개구리 와　敍 늘어놓다 사

근래에 어떤 사인[109]이 또한 여름의 저녁에, 발을 문지방[110]의 위에 걸치고서 이내 잠이 들었다[111]. 〈그런데〉 어떤 뱀 한 마리가 잠방이 속에 들어가 똬리를 틀고는 나가지 않았다. 잠이 깨어 이를 헤아려 보니, 곧 화를 피하기가 어려웠다. 10살 된 어린 아들이 곁에서 자고 있었는데, 그를 깨워서 물어서 "이 일을 장차 어찌 하면 좋겠느냐?"라 하니, 아이가 재빨리 일어나 귀에 대고 속삭였다. "가만히 누워서 움직이지 마세요." 아이가 즉시 우물 벽돌 사이로 나가서 개구리 한 마리를 잡아 와서, 기둥에 부딪쳐 개구리 소리가 나게 하였다. 뱀이 이를 듣고서 길게[112] 몸을 펴고 〈옷 밖으로〉 나와, 드디어 해를 면할 수 있었다.

【출처】 장원교육 16과

5-20 大蛇腹上 큰 뱀이 배 위에 똬리를 틀다

金鍾秀 清風人 字定夫 號眞率 又夢村 英祖戊子 進士文科 正祖己酉 大拜 致仕耆社 謚文忠 配正祖廟 嘗以事竄南方 寓吏房家 晝寢於廳 有大蛇盤於腹上 旁人驚惶莫知所爲 吏房之子年十三 爲通引 爲午飯而出 見其像 遂捕大蛙數十 擲之於前 蛇爲捕蛙而下腹

109 舍人 : 시골 사람. 議政府에 두었던 정4품 벼슬.

110 門櫳(난간 롱) : 문지방.

111 着睡 : 잠이 듦.

112 修然 : 바르고 엄정한 모양. 긴 모양.

【훈음】 配 배향하다 배　竄 내쫓다 찬　寓 임시로 살다 우
寢 잠자다 침　廳 대청 청　盤 구불구불하다 반　旁 곁 방
惶 두려워하다 황　蛙 개구리 와　擲 던지다 척

김종수는 청풍 김씨로 자는 정부 호는 진솔 혹은 몽촌이었다. 영조 무자년(1768) 진사로 문과에 올랐으며, 정조 기유년(1789)에 우의정 벼슬에 올랐다가,[113] 벼슬을 그만둔[114] 후 기로소[115]에 〈들어갔다.〉 시호는 문충이며 정조의 묘에 배향되었다. 일찍이 어떤 일 때문에 남쪽 지방에 귀양 가 〈그곳〉 이방 집에 몸을 붙이게 되었다. 대청에서 낮잠을 자는데, 큰 뱀이 배 위에 똬리를 튼 일이 있었거늘, 곁의 사람들이 놀라 당황하여 할 바를 알지 못하였다. 이방의 아들이 나이가 열셋에 통인[116] 노릇을 하였는데, 점심밥을 먹기 위해 나가다가, 그 모습을 보고, 마침내 큰 개구리 수십 마리를 잡아, 그것을 앞에 던지니, 뱀이 개구리를 잡기 위해 배에서 내려왔다.

【출처】 (2015 개정)지학사 6과

5-21 洪暹 홍섬

領相公夏日午睡 有蛇上公腹上 公心欲逐之

---

113 大拜 : 宰相에 임명됨.

114 致仕 = 致事. 致政 : 관직에서 물러남.

115 耆社 = 耆老所. 耆老局. 耆老司. 耆司. 耆所 : 나이가 많은 임금과 벼슬에서 물러난 70살이 넘은 정2품 이상의 문관들이 모여 놀도록 설치한 관아.

116 通引 : 조선 시대에 관아 소속으로 잔심부름하던 사람.

而恐蛇驚傷人 木石然不敢動 子退之方六歲 適父所 見之 卽往草澤中 取三四蛙 投之 蛇舍人從蛙而去 公乃得起身 退之自幼 機智如此 及長 是爲名相

【훈음】 適 가다 적 蛙 개구리 와

영의정 洪彦弼(1476~1549)이 여름에 낮잠을 자는데, 어떤 뱀이 홍언필의 배 위에 올라가 있었다. 언필이 마음속으로 그걸 쫓고자 했지만 뱀이 놀라 자기를 다치게 할까 걱정되어 목석[117]처럼 감히 움직이질 않았다. 아들인 퇴지 洪暹(1504~1585)은 6살이었는데, 아버지가 계신 곳에 갔다가 그 광경을 보았다. 곧바로 늪[118]에 가서 3~4마리 개구리를 가져와 던지니, 뱀이 사람을 버리고 개구리를 따라 가버렸고, 언필은 마침내 몸을 일으킬[119] 수 있었다. 홍섬은 어려서부터 총명함[120]이 이와 같았고, 장성하여선 이름난 재상이 되었다.

5-22 汝言是也 너의 말이 옳다

黃喜 長水人 字懼夫 初名壽老 號厖村 禑朝己巳文科 我朝名相 謚翼成 配世宗廟 留心國務 不關家事 一日 家婢相鬪喧 移時 一婢

117 木石 : 나무와 돌(知覺·감정이 없는 물건).

118 草澤 : 늪지대. 草野. 벼슬하지 않고 초야에 묻혀 사는 선비.

119 起身 : 자리에서 일어남. 세상에 나섬. 출발함.

120 機智 : 교활함. 교묘하고 요령이 좋음. 기민하고 총명함.

來訴曰 某與小婢 相抗所犯 如是如是 極爲奸惡 曰 汝言是也 又一婢來告亦如是 公曰 汝言是也 姪某在傍 慍而進曰 甚矣 叔氏之朦朧也 某也如彼 某也如此 此乃是而彼爲非也 公曰 汝言是也 讀書不輟 終無分卞

【훈음】 配 배향하다 배 關 참여하여 관심을 갖다 관 喧 시끄럽다 훤
訴 하소연하다 소 姪 조카 질 輟 그치다 철 卞 분별하다 변

황희는 장수 황씨로, 字는 구부이고 初名은 수로이며, 호는 방촌이다. 〈고려〉 禑王 기사년에 문과에 급제했고, 조선조에 이름난 재상이 되었다. 시호는 익성이고, 세종묘에 배향되었는데 나랏일에만 마음을 두어[121] 집안일은 관여치 않았다. 하루는 집안의 여종이 서로 다투며 시끄럽게 하는데 때를 넘길 정도였다.[122] 한 여종이 와서 하소연 하며 말했다. "아무개와 제가 서로 겨루며 범한 것이 이러쿵저러쿵하니 〈아무개는〉 지극히 간악[123]합니다." 그러자 황희는 말했다. "너의 말이 옳다." 또 한 여종이 알리려 와서 또한 이와 같이 하니 황희는 말했다. "너의 말이 옳다." 조카 아무개가 곁에 있다가 화내며 나아와 말했다. "너무하네요! 숙부는 분명하질 않고 흐리멍덩합니다.[124] 아무개는 저와 같다고 하고 아무개는 이와 같다고 하니 이것이 옳다면 저것은 그른 게 됩니다." 황희가 "너의 말이 옳다."라고 말하

121 留心 : 머물러 있으려는 마음. 마음을 쏟음.

122 移時 : 시간을 보냄.

123 奸惡 : 간사하고 악독함.

124 朦朧(흐릿하다 몽, 롱) : 意識이 뚜렷하지 않고 흐리멍덩함.

고선, 독서하길 그치지 않았고 끝내 분변하지 않았다.

5-23 印沈淵 인침연

孟右相思誠覲省溫陽 往來不入官家 常簡僕從 時或騎牛 陽城振威兩倅聞公來 候于長好院 見騎牛過呵禁 公以溫陽孟古佛答之 兩倅驚惶走出 墜印於岸下深淵 後人名曰印沈淵

【훈음】 倅 수령 쉬　候 기다리다 후

우의정 孟思誠이 溫陽으로 覲親하러[125] 갈 적에, 왕래하면서 관청에 들어가지 않았고 항상 하인[126]을 간소하게 데리고 다녔으며, 때로 소를 타고 가기도 하였다. 陽城과 振威 두 고을의 수령이 공이 온다는 소식을 듣고 長好院에서 기다리고 있었는데 소를 타고 지나가는 자를 보고는 꾸짖어 금하자[127] 공이 온양의 孟古佛[128]이라고 답하였다. 두 수령이 놀라 당황하여 달아나다가 언덕 아래 깊은 연못에 官印을 빠뜨렸다. 후인들이 그곳을 '印沈淵'이라고 불렀다.

5-24 公堂問答 공당문답

125 覲省 = 覲親 : 멀리 떨어져 살거나 중이 되었거나 한 사람이 본집에 가서 부모를 뵘.

126 僕從 : 侍從官. 신변을 수행하는 하인.

127 呵禁(꾸짖다 가) : 꾸짖어 금지시킴.

128 古佛 : 나이 많은 늙은이를 이르는 말. 맹사성의 號.

自溫陽歸路 遇雨入于龍仁旅舘 有一人騎從甚盛 先處旅舘樓上 公入處一隅 登樓者是嶺南富豪 欲爲錄事取才上來也 見公招之 共登談論博戲 且約以公字堂字爲問答之韻 公問曰 何以上京公 其人曰 錄事取才上京堂 公笑曰 我爲公差除公 其人曰 嚇不堂 後日政府之坐 其人以取才入謁 公曰 何如公 其人退伏而對曰 死去之堂 一座驚怪 公以其實言告諸宰大笑 公以爲陪錄事 錄事賴公之薦 屢典州郡以吏能稱 後世謂之公堂問答

【훈음】 隅 모퉁이 우　博 장기 박　嚇 웃음소리 하　賴 힘입다 뢰　典 맡다 전

온양으로부터 조정에 돌아오는 길에 비를 만나 용인의 여관에 들어갔다. 어떤 사람의 말 탄 수행원[129]들이 매우 성대하여 먼저 여관 다락 위를 점유하자 공은 한 구석에 들어가 거처했다. 다락에 오른 사람은 영남의 부호[130]로, 녹사[131]에 취재하려고[132] 상경

129 騎從 : 말을 타고 따름. 말을 타고 따르는 隨從.

130 富豪 : 재산과 세력이 있는 큰 부자.

131 錄事 : 조선 초기 지방에 두었던 土官職의 하나. 품계는 정9품 또는 종9품이다.

132 取才 : 科擧에 의하지 아니하고 일정한 시험을 보여 사람을 뽑는 일. 하급 관리를 새로 채용하거나, 승진 또는 복직시킬 경우에도 이를 행하였다.

한 사람이었다. 공을 보고 불러, 함께 올라 이야기도 하고 장기도 뒀으며, 또한 '公'자와 '堂'자로 문답의 운을 삼기로 약속했다. 공이 "어찌 상경하는공?"이라 묻자, 그 사람이 "관리시험 보러 상경합니당."이라 말했다. 공이 웃으며 "내가 그대를 위해 벼슬에 임명해줄[133]공?"이라 하자, 그 사람이 "헐! 못할 것임당."이라 했다. 훗날 의정부의 자리에, 그 사람이 관리시험을 보러 들어와 인사하였다. 공이 "어떻게 지냈는공?"이라 말하자, 그 사람이 물러나 엎드려 "죽여주시당."이라 대답하자, 온 좌중이 놀라며 괴이하게 여겼다. 그래서 공이 있었던 일을 여러 재상들에게 말하자, 크게 웃었다. 공은 그 사람을 배녹사[134]로 삼았고, 녹사는 공의 추천에 힘입어, 여러 주군을 맡으며, '관리로 유능하다' 일컬어졌다. 후대에 '공·당의 문답'이라 불렸다.

5-25 崔婁伯 최누백의 효

(《高峯先生續集》 권2 雜著 〈天使許魏問目條對〉)

崔婁伯 水原人 年十五 父因獵爲虎所害 婁伯欲捕虎 母止之 婁伯曰 父讐可不報乎 卽荷斧跡虎 虎旣食飽臥 婁伯直前叱虎曰 汝食吾父 吾當食汝 虎乃掉尾俛伏 遽斫而刳其腹 取父骸肉 盛虎肉於瓮 埋川中 葬父廬墓 服闋 取虎肉盡食之 後登第 爲起居舍人

---

133 差除 : 관직을 임명함.

134 陪錄事(모시다 배) : 높은 벼슬아치를 모시고 따라 다니는 녹사.

【훈음】 跡 좇다 적　叱 꾸짖다 질　遽 갑자기 거　斫 베다 작
刳 가르다 고　盛 담다 성　瓮 항아리 옹　埋 묻다 매

최누백은 水原 사람입니다. 나이 15세 때, 그의 아버지가 사냥을 하다가 호랑이에게 물려 죽자, 누백은 그 호랑이를 잡으려 하였습니다. 그의 어머니가 만류하자, 누백은 "아버지의 원수를 갚지 않을 수 있겠습니까?" 하고는, 즉시 도끼를 메고서 호랑이를 추적하였습니다. 호랑이는 이미 〈아버지를〉 잡아먹고 배가 불러 드러누워 있었습니다. 누백이 그 앞으로 다가가서 호랑이를 꾸짖어, "네가 우리 아버지를 잡아먹었으니, 내가 의당 너를 잡아먹어야겠다." 하니, 호랑이가 꼬리를 흔들며[135] 엎드렸습니다.[136] 〈누백은〉 대뜸 〈도끼로 호랑이를〉 찍어 죽이고는 배를 갈라, 자기 아버지의 뼈와 살을 찾아내고, 호랑이고기를 항아리에 담아, 시내 가운데 묻어 두었습니다. 〈누백은〉 아버지를 장사 지내고 시묘살이를 하였으며,[137] 삼년상을 마치고 나서는,[138] 그 호랑이고기를 가져다가 다 먹었습니다. 그는 뒤에 과거에 급제하여, 起居舍人[139]이 되었습니다.

5-26 爪甲穿掌 손톱이 손바닥을 뚫다

公少時 卓犖不羈 至四十始學 發奮決心 握

135 掉尾(흔들다 도) : 꼬리를 흔듦.

136 俛伏(숙이다 부) : 허리를 구부림. 땅에 엎드림.

137 廬墓(오두막집 려) = 廬居 : 喪制가 무덤 옆에 여막을 짓고 居喪하는 동안에 무덤을 지키는 일.

138 服闋(끝나다 결) : 居喪 기간이 끝나 상복을 벗음.

139 起居舍人 : 임금을 시종하면서 임금의 언행을 기록하던 벼슬.

左手 不爲文章 誓不開手 讀書于北漢中興寺 歲餘 文理貫通 詩格清高 寄詩於其婦翁曰 書榻燈光暗 硯池水色清 管城吾所願 兼望楮先生 蓋請四友之意也 婦翁佳其晩學速成 戱而答之曰 梁忠義四十 讀書山堂 嗚呼晩矣 世人傳爲美談 後登科日 始欲開手 則爪甲穿掌

【훈음】 **握** 쥐다 악　**榻** 책상 탑

공[140]은 젊은 시절에, 무리 중에 빼어나[141] 일에 얽매이지 않다가, 40세가 되어서 비로소 공부하기 시작했다. 분발하여 결심한 후, 왼손을 쥔 채, 문장의 대가가 되지 않으면, 손을 펴지 않겠다고 맹세했다. 북한산 中興寺에서 독서하는데, 1년 정도에, 문리가 트였고, 시의 격조가 맑고도 고상하였다. 장인에게 시를 부치기를 "책상에 등불 빛 어둡고, 벼루 씻은 못엔 물빛 맑네. 붓은 내 바라는 바요, 더불어 종이를 기다리네."라 하였다. 대개 文房四友를 청하는 뜻이었다. 장인은 그가 늦게 공부했는데도 빨리 성취되는 것을 가상히 여겨, 장난으로 답장하길 "충의로운 양서방이 나이 40에, 산사에서 글 읽으니, 아! 늦었도다." 세상에서 미담으로 전해진다. 뒤에 급제하던 날, 비로소 손을 폈더니, 손톱이 손바닥을 뚫어버렸다.

---

140 **梁淵**: 조선 중기의 문신.

141 **卓犖**(높다 탁, 뛰어나다 락) = **卓落. 卓礫. 卓躒**: 무리 중에서 훨씬 뛰어남.
卓犖不羈: 무리 가운데서 두드러지게 뛰어나 세상 일에 얽매이지 않음.

【출처】 (2015개정)이젠교육 22과

5-27 書帙者勸睡之物

책이라는 것은 잠을 권하는 물건일 뿐이다

有一士妻 患襁褓小兒喜啼不睡 取書帙 照兒眼 翁曰 何也 妻曰 每見乃翁 携帙輒睡 吾意書帙者 勸睡之物爾 翁大笑

【훈음】 啼 울 제　睡 자다 수　乃 너 내　携 끌 휴

한 선비의 아내가 있었는데, 포대기[142]의 아기가 울기를 좋아하고 잠을 자지 않음을 근심하더니, 책[143]을 가지고 아이의 눈에 비추었다. 아버지가 말하기를, "어찌 그러시오?"라고 하였다. 아내가 대답하기를, "매번 너의 아버지가 책만 들면 번번이 잠드는 것을 보니, 나는 책이라는 것은 잠을 권하는 물건일 뿐이라고 생각합니다."라고 하니, 아버지가 크게 웃었다.

【출처】 (2015개정) YBM 15과

5-28 金琴師 금사 김성기

琴師金聖器[144] 學琴於王世基 每遇新聲 王輒秘

---

142 襁褓(포대기 강, 보) : 포대기.

143 書帙(책 질) : 책.

144 金聖器 : 조선 숙종~영조 때의 가인(歌人)으로 거문고, 퉁소, 비파의 명인.

不傳授 聖器夜夜來 附王家窓前 竊聽 明朝能傳寫不錯 王固疑之 乃夜彈琴 曲未半 瞥然拓窓 聖器驚墮於地 王乃大奇之 盡以所著授之

【훈음】 輒 번번이 첩 秘 숨기다 비 竊 몰래 절 錯 어긋나다 착
彈 연주하다 탄 瞥 언뜻 보다 별 拓 밀다 탁

금사[145] 김성기가 왕세기[146]에게 거문고를 배울 적에, 매번 새로운 소리(가락)를 만나면, 왕세기가 번번이 숨기고 전하여 주지 않았다. 김성기가 밤이면 밤마다 와서 왕세기의 집 창문 앞에 붙어, 몰래 듣고 다음 날 아침에 옮겨 베껴서[147] 틀리지 않았다. 왕세기가 참으로 그것을 의아하게 여겨서, 이에 밤에 거문고를 연주하다가, 곡이 반도 되지 않았을 때, 갑자기 창을 밀치니, 김성기가 놀라서 땅에 떨어졌다. 왕세기는 이에 그를 크게 기특하게 여겨서, 모두 지은 것으로써 그에게 전수하였다.

【출처】 (2015 개정)지학사 7과

5-29 金壽彭 김수팽(趙熙龍, 《壺山外記》)

金壽彭嘗持牒 至尙書家 請署 方與客棋 點首棋如故 凡數時不輟 壽彭歷階而上 以手撤棋而下曰 死罪死罪 然此國事 不可緩 請署 付

145 琴師 : 거문고나 가야금을 가르치는 일을 맡아보던 벼슬아치.

146 王世基 : 숙종 때의 거문고 대가. 김성기의 스승.

147 傳寫 : 돌려가며 베낌.

他吏行之 卽辭去 尙書謝止之

【훈음】 牒 문서 첩 輟 그치다 철 撒 흩트리다 살

김수팽[148]은 일찍이 문서를 가지고, 상서[149]의 집에 이르러, 서명을 요청하였다. 〈상서는〉 바야흐로 손님과 바둑을 두면서, 머리를 끄덕이면서,[150] 예전처럼 바둑을 두었다. 모두 몇 시간에도 그치지 않자, 수팽은 계단을 지나 올라가서, 손으로 바둑판을 흩어뜨리고는 아래로 내려와 "죽을 죄를 지었습니다. 그러나 이것은 나라의 일로, 느슨하게 할 수 없습니다. 서명하셔서, 다른 관리에게 주어 시행하기를 요청합니다."라 말하고, 즉시 인사하고 떠나자,[151] 상서가 사죄하고 그를 머무르게 했다.

【출처】 (2015 개정) 씨마스 11과

5-30 檀園記 단원기

凡樓閣山水人物花卉蟲魚禽鳥 無不酷肖其形像 往往有奪天造 我東四百年 雖謂之闢天荒可也 尤長於移狀俗態 如人生日用百千云爲

---

148 金壽彭 : 영조 때의 사람으로 淸廉潔白하고 剛直한 성품에다 행정력까지 겸비한 호조 서리였다.

149 尙書 : 고려시대 尙書吏部·尙書兵部·尙書戶部·尙書刑部·尙書禮部·尙書工部 등의 상서 육부와, 銓曹·兵曹·民曹·刑曹·儀曹·工曹 등의 육조, 吏部·兵部·戶部·刑部·禮部·工部 및 選部·摠部·民部·理部·禮部·工部 등 육부의 정3품 벼슬.

150 點首 : 고개를 끄덕임. 묵인함을 표시한다.

151 辭去 : 작별을 고하고 떠나감. 죽음을 완곡하게 이르는 말.

與夫街路津渡店坊鋪肆試院戲場 一下筆 人莫不拍掌叫奇 世稱金士能俗畫 是已

【훈음】 長 뛰어나다 장 酷 매우 혹 闢 열다 벽 坊 가게 방

무릇 누각·산수·인물·꽃과 풀·벌레와 물고기·새에 이르기까지 그 형상을 꼭 닮지 않음이 없어서 종종 하늘의 조화[152]를 빼앗기도 하였다. 우리나라 사백 년에, 비록 그를 '벽천황[153]'이라 부르더라도 괜찮을 것이다. 풍속과 세태를 그리는 데[154] 더욱 뛰어났는데, 이를테면 사람들이 살면서 매일 쓰는 물건·온갖 말과 행동[155], 대저 길거리·나루터·점방·점포[156]·과장[157]·놀이마당을 한번 붓을 대기만 하면, 사람들 중에 손바닥을 치며[158] 기이하다 탄성을 외치지 않는 이가 없었으니, 세상에서 흔히 '김사능의 속화'라고 말하는 것이 이것이다.

【출처】 (2015 개정) 씨마스 17과

5-31 尹淮 윤회

尹淮少時 有鄉里之行 暮投逆旅 主人不許止

---

152 天造 : 천연적으로 이루어짐.

153 闢天荒 = 破天荒 : 이제까지 아무도 하지 않은 일을 행함.

154 移狀 : 모양을 옮김.

155 云爲 : 말과 행동. 변화함.

156 鋪肆(가게 사, 포) : 가게.

157 試院 : 과거시험을 치르는 곳.

158 拍掌(치다 박) : 손뼉을 침. 박수 침.

宿 坐於庭畔 主人兒持大眞珠出來 落於庭中 旁有白鵝 卽呑之 俄而主人索珠不得 疑公竊取 縛之 朝將告官 公不與辨 只云 彼鵝亦繫吾傍 將朝 珠從鵝後出 主人慚謝曰 昨何不言 公曰 昨日言之 則主必剖鵝覓珠 故忍辱而待

【훈음】 行 행장(行裝) 장　畔 가장자리 반　鵝 거위 아　縛 묶다 박
剖 가르다 부　覓 찾다 멱

尹淮가 이 젊었을 때, 시골길로 여행한 적이 있었다. 날이 저물어 여관[159]에 들었는데, 주인이 숙박[160]을 허락하지 않았다. 뜰 가에 앉아 있는데, 주인의 아이가 커다란 진주를 가지고 나오다가, 뜰에 떨어뜨렸다. 그러자 그 곁에 있던 흰 거위가, 곧 삼켜 버렸다. 얼마 안 되어 주인이 구슬을 찾았으나 찾지 못하자, 윤회가 훔친 것으로 의심하여, 묶어 두었다가, 아침에 장차 관에 고발하려 하였다. 그러나 그는 변명하지 않고, 다만 말하기를 "저 거위도 내 곁에 매어 두라." 하였다. 장차 아침이 되려고 하는데, 구슬이 거위 항문으로부터 나왔으므로, 주인이 부끄러워하며 사과하기를,[161] "어제는 왜 말하지 않았소?" 하니, 공은 "어제 말했다면, 당신은 필시 거위의 배를 째어 구슬을 찾았을 것이오. 그래서 욕됨을 참으면서 기다렸소." 하였다.

159 逆旅 : 여관.

160 止宿 : 묵음. 숙박함.

161 慚謝 : 부끄러워하며 사과함.

5-32 續續放氣 잇달아 방귀를 뀌다

一朝官 軀幹豊肥 氣脈浮盛 嘗奉使耽羅 酒食過度 雖稠人廣坐中 續續放氣 一日朝官 向州人而問馬價高下 州人曰 騏之骨格遒健 美毛色步驟者 直數百 馬漫膚多肉 徒費蒭豆 但能放氣者 直不一錢 朝官笑曰 此等馬 比之於人 其眞我乎

【훈음】 騏 준마 기 驟 빠르다 취 漫 쓸데없이 만 蒭 꼴 추

한 조정의 관리가, 신체[162]는 풍만하나, 기맥은 매우 허약하였다. 일찍이 제주도에서 사신으로 갈[163] 때, 술과 음식이 과도하여, 많은 사람들[164]이 앉아 있는 가운데서도, 잇달아 방귀를 뀌었다. 하루는 조관이, 고을 사람을 향하여 말 값의 고하를 물었는데, 고을 사람이 말하기를 "준마의 골격이 굳세고 건강하며,[165] 아름다운 털 빛깔에다 걸음이 빠른 놈은, 값이 수백 냥이나, 말이 부질없이 살갗에 살만 많고, 다만 꼴과 콩만 소비하며, 다만 방귀만 잘 뀌는 놈은, 일전도 못됩니다."라 하였다. 조관이 웃으며 말하기를 "이런 말은, 사람에 견주면, 바로 나로구나." 하더라.

---

162 軀幹(몸 구, 간) : 몸.

163 奉使 : 왕명을 받들어 사신으로 나감.

164 稠人(많다 조) : 여러 사람. 많은 사람.
稠人廣坐 : 사람들이 많이 모인 곳. 공공장소.

165 遒健(견고하다 추) : 굳세고 힘참. 강건함.

5-33 孟思誠 맹사성

孟思誠 新昌人 字誠之 號東浦 誠孝出天 十歲能盡子職 母喪 水醬不入口者七日 及葬 廬墓啜粥三年 植栢墓前 有豕觸而枯 思誠痛哭 翌日 豕爲虎所噉 人以爲孝感所致 事聞旌閭 思誠家甚狹少 兵曹判書以禀事進往 適値驟雨 處處漏下 衣冠盡濕 兵判還家歎曰 公家如是 我何以外行廊爲哉 遂撤方搆之廊

【훈음】 啜 먹다 철 粥 죽 죽 翌 다음날 익 噉 먹다 담 狹 좁다 협 禀 여쭈다 품 適 마침 적 撤 그만두다 천

맹사성은 신창 사람으로, 字는 誠之이고, 號는 東浦다. 진심 어린 효심[166]은 천성적으로 타고나,[167] 10살에 자식의 직분을 다할 수 있었다. 어머님이 돌아가시자, 미음[168]조차 입에 넣지 않은 지 7일이 되었고, 장례 지낼 적엔, 여막에서 미음만을 먹으며 3년을 보냈다. 무덤 앞에 잣나무를 심었는데, 어떤 돼지가 부딪혀 말라죽게 되자, 사성이 통곡했다. 그러자 다음날 돼지는 호랑이에게 잡혀 먹혔고, 사람들은 '효성의 감응으로 그렇게 되었다'고 여겨, 일이 알려져 정려비가 세워졌다.[169] 사성의

---

166 誠孝 : 마음속에서 우러나오는 孝心.

167 出天 : 하늘이 냄. 선천적으로 타고남.

168 水醬(장 장) : 음료.

169 旌閭 = 旌門 : 충신·효자·열녀 등이 사는 마을 어귀나 집의 문에 旌門을 세우거나 또는 扁額을 내려 표창하는 일.

집은 매우 협소하여, 병조판서가 여쭐 일로 나아갔다가,[170] 마침 소나기[171]를 만났는데, 집 안 곳곳이 비가 새어, 의관이 모두 젖었다. 병조판서가 집으로 돌아와 탄식하며 말했다. "정승의 집이 이러한데, 내가 어찌 바깥 행랑을 짓겠는가?" 마침내 바야흐로 지으려고 했던 행랑을 멈추게 했다.

5-34 柳應孚 유응부

柳應孚 武人也 拿至闕庭 上問曰 汝欲何爲 答曰 淸宴日 欲以一劍 廢足下 復舊主 不幸爲奸人所發耳 應孚何求 足下第速殺我 上怒 令武士剌膚而問情 不服 顧謂三問曰 人謂書生不可同事 果然 頃者吾欲試劍 汝輩固止之曰 非萬全計 以致今日之禍 終不服而死

【훈음】 **拿** 잡다 **나**　**第** 다만 **제**　**剌** 찌르다 **자**
服 죄를 인정하다, 항복하다 **복**

유응부는 무인이다. 체포되어 대궐의 뜰에 이르렀는데, 임금이 묻기를 "너는 무슨 일을 하려고 했는가?" 답하기를 "잔칫날[172]에, 한 칼로써 족하[173]를 폐하고, 옛 주인을 복위코자 했는데, 불행히 간사한 놈에게 고발되었으니, 내가 무엇을 바라겠소? 족하

---

170 **進往**: 앞으로 나아감. 전진함.

171 **驟雨**(갑자기 취): 소나기.

172 **淸宴 = 淸晏**: 고상하고 청아한 모임이나 연회.

173 **足下**: 윗사람이나 같은 또래를 일컫는 존칭.

께서는 다만 빨리 나를 죽이시오." 세조가 노해, 무사에게 명하여 살을 바르면서 심문하게 하였으나, 자백하지 않고, 성삼문을 돌아보며 말하기를 "남들이 말하기를 '서생과는 같은 일을 하지 말라'고 하더니, 과연 그렇구나. 저번[174]의 내가 칼을 쓰고자 하였는데, 너희들이 저지하면서 '완전한 계책이 아니다'고 하더니, 오늘의 화에 이르렀다." 끝내 굴복하지 않고 죽었다.

5-35 權諰 권시

權炭翁好戲言 嘗曰 今之隱士 乃法局隱士也 或請聞其說 翁曰 嘗見小兒隱其身 而使儕類搜得 搜得者久不至 而隱身良久 則輒自呼曰 法局法局 欲其搜得者速來也 今之隱士 纔得隱逸之美名 而旋恐當世之不我知 求其見知之術 此非隱其身而自呼法局者乎 吾故云

【훈음】 旋 즉시 선

炭翁 권시[175]는 농담을 좋아했다. 일찍이 "지금의 은사들은, 곧 빼꾸기 은사라네.[176]"라고 말했었다. 혹자가 이유를 듣길 청

174 頃者 : 근래. 예전. 얼마 후

175 權諰 : 1604~1672. 조선 중기의 문신·유학자이다. 자는 思誠, 호는 炭翁이다. 본관은 安東이다. 남달리 총명하여 중국의 顔子에 비견되는 평을 받았다. 학문이 뛰어나 효종의 사부로 임명되었으나 거절하였고, 후에 사돈이었던 송시열의 추천으로 벼슬길에 올랐으며, 송시열의 사돈이다.

176 法局隱士 : 아이들이 숨바꼭질을 하면서 술래가 찾으라고 빼국 소

하자, 탄옹이 말했다. "일찍이 보니, 아이들이 자기 몸을 숨기고, 친구[177]들로 하여금 찾도록[178] 했다네. 찾는 사람(술래)이 오래도록 오질 않아, 몸을 숨긴 지 오래되면, 갑자기 스스로 '빼꾹 빼꾹'이라 부르며, 술래가 빨리 와주길 바라지. 지금의 은사들은, 겨우 은둔했단 美名[179]은 얻자마자, 즉시 당세에 자기를 알아주지 않을까 걱정하며, 알려질 방법을 구한 것이니, 이것이 자기 몸을 은둔했지만 스스로 '빼꾹'이라 외치는 사람이 아니겠는가? 나는 그러므로 이렇게 말하는 것이다."

리를 잇달아 내는 것과 같이, 조정에서 부르기를 은근히 바라는 은사를 기롱하여 이르는 말.

177 儕類(무리 제) : 同流.

178 搜得(찾다 수) : 찾아서 얻음.

179 美名 : 아름다운 명성이나 명예.

6. 역사

과거의 역사는 현재를 비추어주는 거울이듯이, 과거의 역사를 통해 현재 우리가 살아갈 방향을 찾아야 한다. 선인들은 역사에 어떠한 인식을 지니고 있었는지 살펴봄으로써 현재 우리가 역사관은 어떠해야 하는지 단초를 제공해 줄 것이다.

이 부분은 앞의 '인문과 일화'와 다소 내용상 겹치는 부분이 있지만, 분량이 많아서 따로 분리하여 묶었다. 지형 부분도 앞의 '전통문화'와 함께 엮을 수 있지만, 이곳에 따로 분류하였다.

6-1 壇君王儉 단군왕검

昔有桓因庶子桓雄 數意天下 貪求人世 父知子意 下視三危太伯 可以弘益人間 乃授天符印三箇 遣往理之 雄率徒三千 降於太伯山頂神壇樹下 謂之神市 是謂桓雄天王也 將風伯雨師雲師 而主穀主命主病主刑主善惡 凡主人間三百六十餘事 在世理化……熊女者 無與爲婚 故每於壇樹下 呪願有孕 雄乃假化而婚之 孕生子 號曰壇君王儉

【훈음】數 자주 삭　符 부신 부　箇 낱 개　呪 빌다 주
孕 아이 배다 잉

옛날에 환인[1]의 서자[2] 환웅이 있었는데, 자주 천하에 뜻을 두어 인간 세상을 구하고자 하였다. 아버지가 자식의 뜻을 알고 삼위태백[3]을 내려다보니, 인간 세상을 널리 이롭게 할 만하였다. 이에 천부인[4] 세 개를 주어, 가서 그곳을 다스리게

---

1 桓因：우리 민족의 건국 전설에 나오는 하늘의 신. 桓雄의 아버지. 檀君의 할아버지. 아들 환웅이 하늘 아래의 인간 세상에 뜻을 두고 있음을 알고, 天符印 3개와 무리 3천을 주어 인간 세상에 내려 보내어 다스리게 하였다.

2 庶子：맏이가 아닌 여러 아들 중 하나.

3 三危太伯：삼위산과 태백산.

4 天符印：天子의 지위를 나타내는 징표로, 어떤 물건이었는지는 확

하였다. 환웅이 무리 삼천 명을 거느리고 태백산 꼭대기에 있는 신단수 아래로 내려왔다. 그곳을 신시라고 부르고 이분을 '환웅천왕'이라고 불렀다. 풍백과 우사와 운사를 거느려서 농사를 주관하고, 운명을 주관하고, 병을 주관하고, 형벌을 주관하고, 선악을 주관하니, 무릇 인간 세상의 삼백육십여 가지 일을 주관하였으며, 세상에 있으면서 다스리고 교화하였다. 〈중략〉 웅녀가 함께 혼인할 사람이 없었다. 그러므로 매번 신단수 아래에서 잉태할 수 있기를 바란다고 빌었다. 환웅이 이에 임시로 〈사람으로〉 변하여 웅녀와 혼인하고, 〈웅녀가〉 잉태하여 아들을 낳았으니 단군왕검이라 부른다.

【출처】 (2015 개정)다락원 14과, (2015개정)비상교육 16과, (2015개정) YBM 18과

6-2 檀君朝鮮 단군조선

東方初無君長 有神人降于檀木下 國人立爲君 是爲檀君 國號朝鮮 是唐堯戊辰歲也 初都平壤 後徙都白岳 至商武丁八年乙未 入阿斯達山爲神

【훈음】 檀 박달나무 단 都 도읍하다 도 徙 옮기다 사

동방의 땅에는 처음에 임금[5]이 없었는데, 어떤 신인이 있어 〈태백산〉 박달나무 아래에 내려왔는데, 나라 사람들이 세워 임

실히 전하지 않는다.

5 君長: 임금.

금으로 삼았다. 이 사람이 단군이 되니, 나라 이름을 조선으로 불렀는데, 바로 요임금[6]의 무진년 때 일이다. 처음에는 평양에 도읍하였다가 후에 백악으로 도읍을 옮겼으며, 상나라 무정 임금 8년인 을미년에 아사달산에 들어가 신이 되었다.

6-3 高朱蒙 고주몽

王之諸子 與諸臣 將謀害之 蒙母知之 告曰 國人將害汝 以汝才略 何往不可 宜速圖之 於是 蒙與烏伊等三人爲友 行至淹水 告水曰 我是天帝子 河伯孫 今日逃遁 追者垂及 奈何 於是 魚鼈成橋 得渡而橋解 追騎不得渡 至卒本州 遂都焉

【훈음】 淹 담그다 엄 逃 달아나다 도 遁 달아나다 둔 垂 장차 수 鼈 자라 별 渡 건너다 도

金蛙王의 여러 아들이 여러 신하와 함께 장차 주몽을 해치려고 모의하였다. 주몽의 어머니가 그것을 알고 일러 말하였다. "나라 사람들이 장차 너를 해치려 하는구나. 너의 재주와 지략으로 어디에 간들[7] 안 되겠느냐? 마땅히 빨리 (대책을) 꾀

---

6 唐堯: 고대의 帝堯. 제곡(帝嚳)의 아들. 姓은 이기(伊耆). 처음에 陶에, 뒤에는 唐에 봉해졌고, 帝가 되어서 陶唐氏라 하였다. 재위 백 년 동안에 천하가 태평하였고, 舜에게 讓位하였다.

7 何往: '往何'가 倒置된 것으로, 의문문에서 의문 대명사가 목적어로 쓰일 때는 목적어가 서술어 앞에 놓이기도 한다.

하여라." 이에 주몽은 오이[8] 등 세 사람[9]과 벗이 되어 가다가 엄수에 이르러, 물에 일러 말하였다. "나는 천제의 아들이자, 하백[10]의 손자이다. 오늘 도망가는데, 쫓는 자들이 장차 다다르려 하니, 어찌해야 할까?" 이에 물고기와 자라가 다리를 이루어 건널 수 있었고, (건너고 나자) 다리가 풀어지니, 쫓아오던 기병들은 건널 수 없었다. 졸본주[11]에 이르러 드디어 도읍을 정하였다.

【출처】(2015 개정)다락원 15과, (2015개정)미래엔 21과

6-4 高朱蒙 고주몽

金蛙有子七人 常共朱蒙遊獵 王子及從者四十餘人 唯獲一鹿 朱蒙射鹿至多 王子妬之 乃執朱蒙縛樹 奪鹿而去 朱蒙拔樹而去

【훈음】獵 사냥하다 렵 妬 샘내다 투 縛 묶다 박

금와왕[12]에게 아들이 일곱 명이 있었는데, 항상 주몽[13]과 함께 다니며 사냥하였다. 왕자들과 따르는 사람 사십여 명이

---

8 烏伊 : 주몽의 고구려 창건을 도운 장군.

9 三人 : 주몽이 부여를 탈출할 때부터 따르던 오이(烏伊), 마리(摩離), 협보(陜父)를 가리킨다.

10 河伯 : 물의 신.

11 卒本州 : 지금의 遼寧省 일대로 추정.

12 金蛙 : 동부여의 왕. 유화를 아내로 맞아 고구려의 시조 주몽을 낳게 함.

13 朱蒙 : 고구려의 시조 東明聖王의 이름.

사슴 한 마리를 겨우 잡았는데, 주몽이 (활로) 쏘아 잡은 사슴은 매우 많자, 왕자들이 그것을 질투하였다. 주몽을 질투한 왕자들이 주몽을 잡아 나무에 묶어 놓고 사슴을 빼앗아 가자, 주몽이 나무를 뿌리째 뽑아 등에 지고 돌아왔다.

【출처】 (2015 개정)미래엔 21과

6-5 渤海考序 발해고 서(柳得恭, 〈渤海考序〉)

高麗不修渤海史 知高麗之不振也 昔者 高氏居于北 曰高句麗 扶餘氏居于西南 曰百濟 朴昔金氏居于東南 曰新羅 是謂三國 宜其有三國史 而高麗修之 是矣 扶餘氏亡 高氏亡 金氏有其南 大氏有其北 曰渤海 是謂南北國 宜其有南北國史 而高麗不修之非矣 夫大氏 何人也 乃高句麗之人也 其所有之地 何地也 乃高句麗之地也

【훈음】 **振** 떨치다 **진**　居 = 据 차지하다 **거**

고려가 발해의 역사를 편찬하지 않았으니, 고려가 〈세력을〉 떨치지 못했음을 알겠다. 옛날에 고씨가 북쪽을 차지하여 고구려라 하였고, 부여씨가 서남쪽을 차지하여 백제라 하였으며, 박·석·김씨가 동남쪽을 차지하여 신라라 하였으니, 이것을 삼국이라 이른다. 마땅히 그 삼국의 역사가 있어서 고려가 그것을 편찬하였으니 옳다. 부여씨가 망하고 고씨가 망하여 김씨가 그 남쪽을 소유하고, 대씨가 그 북쪽을 소유하여 발해라 하였으니, 이것을 남북국이라 이른다. 마땅히 그 남북국사가 있어야 하나 고려가 그것을 편찬하지 않았으니 잘못이다. 무릇 대씨는 어느 〈나라〉 사람인가? 바로 고구려 사람이다. 그 소유한 땅은 어느 〈나라〉 땅인가? 바로 고구려의 땅이다.

【출처】 대학서림 20과, (2015개정)다락원 16과, (2015개정)비상교육 17과, (2015개정)지학사 16과

6-6 선왕의 실록을 함부로 보지 않다(《國朝寶鑑》)

上曰 太宗實錄垂成 予欲觀之 右相孟思誠曰 實錄所載 皆當時之事 以示後世 皆實事也 殿下見之 亦不得爲太宗更改 今一見之 後世人主效之 史官疑懼 必失其職 何以傳信將來 上從之

【훈음】 載 싣다 재　效 본받다 효　職 직분 직

임금이 말하였다. "《태종실록》이 거의 완성되었으니[14] 내가 그것을 보고자 한다." 우의정[15] 맹사성이 말하였다. "실록에 실은 것은 모두 당시의 일을 후세에 보이는 것이니, 모두 실제의 일입니다. 전하[16]께서 그것을 보시더라도, 역시 태종을 위하여 고칠 수[17] 없거니와, 지금 한번 그것을 보신다면 후세의 임금

14 垂成(거의 수) : 거의 이루어짐.

15 右相 : 우의정.

16 殿下 : 왕의 존칭.

17 更改 : 고침. 바꿈.

[18]이 그것을 따라 할 것이고, 사관은 두려워하여[19] 반드시 그 직분을 잃을 것이니, 어떻게 장래에 믿음을 전할[20] 수 있겠습니까?"라고 하니, 임금이 그의 말을 따랐다.

【출처】 동아출판 17과, 대학서림 18과, (2015개정) 이젠교육 24과

6-7 선왕의 실록을 함부로 보지 않다(《朝鮮王朝實錄》)

太宗實錄 春秋館今已畢撰 予欲見之 何如……今所撰實錄 皆載嘉言善政 無所更改 況我殿下其有更改之乎 殿下若見之 則後世之主 必效而更改之 史官亦疑君上之見 必不盡記其事 何以傳信於將來

【훈음】 撰 편찬하다 찬 效 본받다 효

〈세종이 말하였다.〉 "《태종실록》[21]을 춘추관[22]이 지금 이미 편찬을 마쳤다. 내가 그것을 보고 싶은데, 어떤가?" 〈신하들이

---

18 人主 : 임금.

19 疑懼 : 두려워함.

20 傳信 : 자기가 믿는 점을 남에게 그대로 전함. 《春秋穀梁傳》에 "《춘추》의 의리는, 미더운 것은 미더운 대로 전하고, 의심스러운 것은 의심스러운 대로 전하는 것이다.〔春秋之義 信以傳信 疑以傳疑〕라고 하였다."

21 實錄 : 임금 한 사람씩의 재위 기간의 역사를 편년체(날짜 순서에 따라 기록하는 방법)로 적은 기록.

22 春秋館 : 조선 시대에 時政을 기록하는 일을 맡아보던 관청.

아뢰었다.〉 "이번에 편찬한 실록은 모두 아름다운 말[23]과 좋은 정사를 기재하였으니, 바꾸어 고칠[24] 것이 없습니다. 더구나 우리 전하[25]께서 어찌 그것을 고치실 일이 있겠습니까? 그러나 전하께서 만일 이를 보신다면, 후세의 임금들이 반드시 본받아서 그것을 바꾸어 고치려 할 것이요, 사관[26]들 또한 임금[27]이 볼까 의심하여, 반드시 그 사실을 전부 기록하지 않을 것입니다. 어떻게 장래 세대에 진실을 전하겠습니까?"

【출처】 장원교육 20과

6-8 閔麟生 사관 민인생

上率武臣十餘人 沿江放鷹 日暮還宮 史官閔麟生隨至 上見之 目內竪問 何爲而來乎 對曰 臣以史官不敢廢職 故來耳 摠制李叔蕃啓曰 史官之職甚重 願勿問之

【훈음】 鷹 매 응 目 눈짓하다 목

太宗이 무신 십여 명을 거느리고 강가[28]에서 매를 놓아 사

23 嘉言 : 유익하고 본받을 만한 말.

24 更改 : 고침. 바꿈.

25 殿下 : 왕을 높여 부르던 말.

26 史官 : 역사의 편찬을 맡아 草稿를 쓰는 일을 맡아보던 벼슬.

27 君上 : 임금.

28 沿江(따르다 연) : 강에 맞닿아 있는 지대. 강을 따라감.

냥하다가, 날이 저물어서 대궐로 돌아왔다. 사관 민인생[29]이 뒤따랐다. 임금이 그를 보고 눈짓으로 내수[30]에게 물었다. "무엇하러 왔느냐?" 〈민인생이〉 대답하여 말했다. "신이 사관으로서 감히 직무를 그만둘 수 없기 때문에 왔을 뿐입니다."[31] 摠制[32] 李叔蕃이 아뢰기를, "사관의 직책이 매우 중하오니, 원컨대 묻지 마옵소서." 하였다.

【출처】(2015 개정)미래엔 14과

6-9 閔麟生 사관 민인생(《朝鮮王朝實錄》)

上笑曰 此予燕處 勿入 可也 又語麟生曰 史筆宜直書 雖在殿外 豈不得聞予言 麟生對曰 臣如不直 上有皇天

29 閔麟生 : 조선 초기의 사관.

30 內竪 : 內侍의 별칭.

31 신이……뿐입니다 : 조선의 3대 왕 태종 이방원(李芳遠, 1367~1422)은 자신의 권력에 도전하는 사람에게 가차 없는 엄벌을 내린 왕으로 알려져 있다. 그런 태종이 가장 무서워했던 존재는 누구였을까? 바로 왕의 일거수일투족 모두 史草에 기록하던 사관이었다. 直筆을 위한 민인생의 행보는 거침없었다. 민인생은 왕의 일상까지도 공적인 업무라 여겨 문틈으로 엿들으며 기록했다. 태종 1년(1401) 4월 29일 실록의 기록에 따르면, 태종이 편전에 들자 민인생이 따라 들어갔다. 태종이 웃으며 "여기는 내가 편히 쉬는 곳이니, 들어오지 말아야 한다." 하니 민인생이 대답했다. "신이 곧게 쓰지 않으면 위에는 하늘이 있습니다."

32 摠制 : 조선 초기 三軍都摠制府에 두었던 버금 벼슬.

임금이 웃으며 말했다. "이곳은 내가 편안히 쉬는 곳[33]이니, 들어오지 않는 것이 옳다." 또 인생에게 말했다. "사필[34]은 마땅히 곧게 써야 하나, 비록 便殿 밖에 있더라도, 어찌 내 말을 듣지 못하겠는가?" 閔麟生이 대답했다. "신이 만약 곧게 쓰지 않는다면, 위에 하늘이 있습니다."

【출처】(2015 개정)천재교과서 6과

6-10 今臣戰船 尚有十二 지금 신에게 싸움배 열두 척이 있으니(《李忠武公全書》 권9 〈行錄〉)

自壬辰 至于五六年間 賊不敢直突於兩湖者 以舟師之扼其路也 今臣戰船 尚有十二 出死力拒戰 則猶可爲也 今若全廢舟師 則是賊之所以爲幸 而由湖右達於漢水 此臣之所恐也 戰船雖寡 微臣不死 則賊不敢侮我矣

【훈음】突 습격하다 돌

임진년으로부터 오륙 년간에 이르기까지, 적이 감히 전라도와 충청도[35]를 바로 쳐들어오지 못하는 것은 수군[36]이 그 길을 막고 있기 때문입니다. 지금 신에게는 싸움배가 아직 열두

33 燕處 : 편안히 쉬는 곳.

34 史筆 : 史官이 적던 필법.

35 兩湖 : 호남과 호서 지금의 전라도와 충청도를 가리킨다.

36 舟師 : 水軍.

척이 있으니, 죽을힘을 내서 막아 싸운다면[37] 오히려 해볼 만합니다. 〈그러나〉 지금 만약 수군을 전부 없애면 이것은 적이 다행으로 여길 것이어서, 충청북도[38]를 통하여 한강[39]에 이를 것이니, 이것이 신이 두려워하는 것입니다. 전선은 비록 적으나 미천한 신이 죽지 않았으니, 그렇다면 적이 감히 우리를 업신여기지 못할 것입니다.

【출처】 천재교육 17과, (2015개정)미래엔 16과

6-11 安重根傳 안중근전

重根素不見伊藤 惟嘗見其小像 竊識之 乃披軍隊而前 擧槍射之三發 皆中伊藤胸腹 伊藤遂死 重根見伊藤倒地 擧手大呼大韓萬歲……至死之日 脫洋裝 改着韓製衣 就刑談笑如平日

【훈음】 素 본디, 평소 소 惟 단지 유 像 사진 상 竊 마음속에 절
識 알다 식 기억하다 지 披 헤치다 피 隊 무리 대 槍 총 창
中 명중하다 중 倒 넘어지다 도 裝 꾸미다 장

안중근[40]이 평소 이등〈박문〉[41]을 보지 못했으나, 단지 일찍

---

37 拒戰(막다 거) : 적에 대항하여 싸움.

38 湖右 : 충청북도.

39 漢水 : 漢江.

40 重根 : 안중근(安重根, 1879~1910). 독립운동가.

41 伊藤 : 이토 히로부미(伊藤博文, 1841~1909). 일본의 정치가.

이 그의 작은 사진을 보고 마음속에 기억해 두고 있었다. 이에 군대를 헤치고 앞으로 나아가서 총을 들고 그에게 세 발을 쏘니, 모두 이등의 가슴과 배에 맞아 이등이 드디어 죽었다. 안중근은 이등이 땅에 넘어지는 것을 보고 손을 들어 '대한 만세'를 크게 외쳤다.……죽는 날에 이르러 양장[42]을 벗고 한국에서 만든 옷으로 갈아입고 형장에 나아가니[43], 말하고 웃는 태도가 평소[44]와 똑같았다.

【출처】 미래엔 16과, 다락원 13과, (2015 개정) 씨마스 18과

6-12 安重根傳 안중근전

若何爲殺伊藤公也 伊藤貪功而爲之者 攘我內外政權 吸我公私財源 虐殺我無辜人民 吾爲國家報仇 爲同胞報仇 安得不殺 吾乃大韓義兵參謀將也

【훈음】 攘 빼앗다 양 虐 가혹하다 학 胞 민족 포

〈안중근 의사는 하얼빈역에서 이토 히로부미를 저격한 후, 가슴에 숨겨 두었던 태극기를 흔들며 대한 독립 만세를 세 번 외치다가 붙잡혀 러시아 재판소에 구금되어 재판을 받게 되었다. 판사가 물었다.〉 "너는 어찌하여[45] 이등을 죽였는가?"

---

42 洋裝 : 옷차림이나 머리 모양을 서양식으로 꾸밈.

43 就刑 : 형장에 나아감.

44 平日 : 평소.

45 何爲 : 어찌하여, 어째서.

“이등은 공을 탐하여 그것을 행한 자이다. (그는) 우리 안팎의 정치 권한을 빼앗아 우리의 공적·사적 재원[46]을 모두 빨아먹었으며 우리의 무고한[47] 백성을 학살하였다. 나는 나라를 위해 원수를 갚는 것이고 동포를 위해 원수를 갚는[48] 것이니, 어찌 죽이지 않을 수 있겠는가[49]? 나는 대한의 의병 참모[50] 중장이다.

【출처】 YBM 18과

6-13 安重根 안중근

及其最終公判後 謂二弟定根恭根曰 我死後 埋我骨於哈爾濱公園之傍 待我國權回復 返葬故土也 我往天國 亦當爲我國家恢復盡力 汝等爲我告同胞 各擔國家之責任 盡國民之義務 同心一力 建功樹業 大韓獨立之聲 達於天國 則余當蹈舞 呼萬歲矣 以庚戌陽曆三月二十六日上午十時 立刑場 欣然而言曰 余爲大韓獨立而死 爲東洋平和而死 死何憾焉

46 財源 : 재화나 자금이 나올 원천.

47 無辜(허물 고) : 아무런 잘못이나 허물이 없음.

48 報仇(원수 구) : 원수를 갚음.

49 安得 : 어찌 ~할 수 있겠는가?

50 參謀 : 지휘관을 도와서 인사, 정보, 작전, 군수 따위의 업무를 맡아보는 장교.

遂換着韓服 從容就刑

【훈음】 埋 묻다 매　哈 마시다 합　傍 곁 방　擔 책임지다 담
達 이르다 달　曆 책력 력　欣 기뻐하다 흔
憾 한하다, 유감 감　換 바꾸다 환

그 최후의 공판 후에 이르러, 두 아우 정근과 공근에게 말하였다. "내가 죽은 뒤에 내 뼈를 하얼빈[51] 공원의 곁에 묻고, 우리의 국권이 회복되기를 기다려 고향 땅[52]으로 돌아가 장사지내라[53]. 내가 천국에 가서, 또한 마땅히 우리나라의 회복[54]을 위하여 진력할 것이니, 너희들은 나를 위해 동포에게 말해다오. 각자 국가의 책임을 담당하고, 국민의 의무를 다하며, 같은 마음과 하나의 힘으로, 공을 이루고 업을 세워, 대한독립의 소리가, 천국에 도달한다면, 나는 마땅히 춤추며,[55] 만세를 외칠 거라고 말일세." 경술년(1910) 양력 3월 26일 오전[56] 10시에, 형장에 서서 흔연히[57] 말하였다. "나는 대한의 독립을 위해 죽고 동양의 평화를 위해서 죽으니, 죽은들 어찌 유감이 있겠는

51 哈爾濱 : 하얼빈.

52 故土 : 고향.

53 返葬 : 객지에서 죽은 사람의 시체를 고향이나 자기 집으로 옮겨다가 장사를 지냄.

54 恢復(돌이키다 회) = 回復 : 잃었던 것을 되찾음. 원래의 상태대로 되돌림.

55 蹈舞(밟다 도) : 손발을 놀리며 춤을 춤. 신하가 조정에 나아가 임금에게 하례할 때 경의를 표하는 예절의 하나.

56 上午 : 오전.

57 欣然(기뻐하다 흔) : 기뻐하는 모습.

가?" 마침내 한복으로 갈아입고[58] 조용히[59] 형을 받았다.

【출처】 장원교육 24과, 비상교육 20과

6-14 與孫聞山貞鉉書[60] 자주와 자강에 대한 문답(朴殷植[61])

今我韓 處在列强之間 交際則可 而依附則不可也 藝術則可學 而勢力則不可借也 若以依附爲得計 以勢力爲可借 則是委其國於他人也……嗚呼 國之不存 彼政黨之但願其私 不恤其國者 果能獨饗其利乎

【훈음】 委 맡기다 위 恤 구휼하다 휼 饗 누리다 향

지금 우리 대한은 열강[62]의 사이에 처해 있으니, 교제함[63]은 괜찮지만, 의지함[64]은 옳지 않으며, 기예와 학술이라면 배울 만하나, 세력은 빌려서는 안 된다. 만약 의지함을 좋은 계책[65]이라 여

---

58 換着 : 바꾸어 입음.

59 從容 : 조용히.

60 與孫聞山貞鉉書 : 밀양에서 사립개창학교(후일 밀양초등학교 전신)를 세운 문산(聞山) 손정현(孫貞鉉)과의 문답. 자주와 자강에 대한 내용이다.

61 朴殷植 : 1859~1925. 한말의 유학자·독립운동가. 《황성신문》의 주필로 활동했으며 독립협회에도 가입하였다.

62 列咤 여러 강한 나라.

63 交際(사귀다 제) = 交待. 交接 : 사귐. 교제함.

64 依附 = 依負. 依恃. 依著 : 의탁함. 의지함.

65 得計 : 책이 마땅함. 좋은 계책.

기고, 세력을 빌려도 좋다고 여기면, 이것은 그 나라를 다른 사람에게 맡기는 것이다. ……아! 나라가 보존되지 못하는데, 저 정당들은 단지 그 사사로움만을 원하고 있다. 그 나라도 구하지 못하는 자가 과연 그 이익을 홀로 차지할 수 있겠는가?

【출처】 (2015 개정)천재교과서 17과

6-15 白頭山 백두산

白頭山在女眞朝鮮之界 而爲一國華蓋 上有大澤 周回八十里 西流爲鴨綠江 東流爲豆滿江 北流爲混同江 豆滿鴨綠之內 卽我國也

【훈음】 **周 둘레 주**

백두산은 여진[66]과 조선의 경계에 있어, 한 나라의 큰 지붕[67]이 된다. 산 위에 큰 연못[68]이 있으니, 둘레[69]가 팔십 리이다. 〈백두산의 물이〉 서쪽으로 흘러서 압록강이 되고 동쪽으로 흘러서 두만강이 되며 북쪽으로 흘러서 혼동강[70]이 되니, 두만강과 압록강의 안쪽이 곧 우리나라이다.

【출처】 (2015 개정)금성출판사 15과, (2015 개정)이젠교육 20과

---

66 **女眞** : 만주 동북쪽에 살던 민족.

67 **華蓋** : 본래 임금이나 고관의 日傘을 가리키는 것이나, 여기서는 '큰 지붕'을 뜻함.

68 **大澤** : 큰 연못. 곧 天池.

69 **周回** : 둘레. 수위.

70 **混同江** : 백두산 天池에서 발원하여 중국 만주 쪽으로 흘러가는 강.

6-16 白頭山 백두산(李重煥,《擇里志》)

白頭山在女眞朝鮮之界 而爲一國華蓋 上有大澤 周回八十里 西流爲鴨綠江 東流爲豆滿江 北流爲混同江 豆滿鴨綠之內 卽我國也 自白頭至咸興 山脈中行 東枝行於豆滿之南 西枝行於鴨綠之南 自咸興 山脊偏薄東海 西枝長亘七八百里 東枝未滿百里 大幹則不斷峽橫 亘南下斷千里 至慶尙太白山 通爲一脈嶺

【훈음】 脊 등성마루 척 偏 치우치다 편 薄 접근하다 박
亘 뻗다 긍 幹 줄기 간 峽 골짜기 협

백두산은 여진과 조선의 경계에 있어서, 한 나라의 커다란 지붕[71]이 된다. 위에는 큰 연못이 있으니, 둘레가 80리이다. 서쪽으로 흘러 압록강이 되고, 동쪽으로 흘러 두만강이 되고, 북쪽으로 흘러 혼동강이 되니, 두만강과 압록강의 안이, 곧 우리나라이다. 백두산으로부터 함흥에 이르기까지, 산맥이 가운데로 가니, 동쪽 가지는 두만강의 남쪽으로 가고, 서쪽 가지는 압록강의 남쪽으로 간다. 함흥으로부터 산마루가 동해로 치우쳐 접근하니, 서쪽 가지는 길게 7~8백 리에 뻗쳐 있고, 동쪽 가지는 백리가 되지 못한다. 큰 줄기는 끊이지 않고 골짜기가 가로질러, 남쪽으로 뻗어 내려가 천 리에서 끊어져, 경상도 태백산에 이르러서, 통하여 하나의 산줄기가 된다.

71 華蓋: 아름답게 꾸며 만든 큰 日傘.

6-17 金剛山 금강산(〈刱置金剛都山寺記〉)

海東山水 名於天下 而金剛山之奇絶 又爲之冠 且以佛書 有曇無竭菩薩所住之說 世遂謂人間淨土 天子之使降香幣 絡繹于道 而四方士女 不遠千里 牛載馬馱 背負首戴 供養佛僧者 踵相躡也

【훈음】 冠 으뜸 관 幣 폐백 폐 馱 싣다 태

우리나라[72]의 산수가 세상에 이름났는데, 금강산의 기이하고 빼어남이 또 으뜸이 된다. 또 佛經에 담무갈보살[73]이 거주했다는 설이 있어, 세상에서는 드디어 '인간 淨土[74]'라고 한다. 향과 폐백을 가져오는 천자의 사신이 길에 연이었고,[75] 사방의 남녀들이 천리 길을 멀다 하지 않고, 소에게 싣고 말에게 싣고, 등에 지고 머리에 이고 와서, 부처님과 스님에게 공양하는 자들의 발길이 서로 이어졌다.[76]

---

72 **海東** 우리나라.

73 **曇無竭菩薩**：금강산에 머물고 있는 보살로, 담무갈은 梵語 다모드가타(Dharmodgata)의 음역으로, 《新華嚴經》에 나오는 보살의 이름이다. 보통 法起菩薩로 많이 알려져 있다.

74 **淨土 = 淨都. 淨刹**：【佛】 부처가 사는 정정한 세계(일명 佛土. 西方의 阿彌陀佛淨土).

75 **絡繹**(잇다 락, 역) = **絡驛**：끊임없이 이어짐. 왕래가 끊이지 않음.

76 **踵躡**(잇다 종, 섭)：잇따름. 연속함.

6-18 智異山 지리산(《遊智異山錄》)

智異山又名頭流 雄據嶺湖南二路之交 高廣不知其幾百里 環山有一牧 一府 二郡 五縣四附 上有峯之最高者二 東曰天王 西曰般若 相距百餘里 常有雲氣蔽之 自天王稍下而西 有香積寺 又西五十里許 有迦葉臺 臺之南有靈神寺

【훈음】 **環** 둘레 환 **距** 거리를 두다 거

지리산은 또 두류산이라고 이름한다. 영남·호남의 교차로에 웅거하여, 높고 넓음은 몇 백 리인지 알 수 없다. 산의 둘레에는 하나의 목, 하나의 부, 두 개의 군, 다섯 개의 현으로 네 개 부속 읍이 있다. 정상에는 봉우리의 가장 높은 것이 둘이 있으니, 동쪽에 있는 것을 '천왕봉'이라 하고, 서쪽에 있는 것을 '반야봉'인데, 서로 백여 리가 떨어지고, 항상 안개[77]가 가려 있다. 천왕봉에서 조금 내려와 서쪽으로 가면 香積寺가 있고, 또 서쪽으로 50리쯤 가면 迦葉臺가 있고, 대의 남쪽에 靈神寺가 있다.

【출처】 (2015 개정)천재교과서 13과

6-19 鬱陵島 울릉도(《世宗實錄地理志》)

于山武陵二島在縣正東海中 二島相去不遠 風

77 雲氣 : 雲霧. 안개.

日淸明 則可望見 新羅時稱于山國 一云鬱陵島 地方百里 恃險不服 智證王十二年 異斯夫爲何瑟羅州軍主 謂于山國人愚悍 難以威來可以計服 乃多以木造猛獸 分載戰舡 抵其國誑之曰 汝若不服 則卽放此獸 國人懼來降

【훈음】 去 거리 거 舡 배 강 抵 이르다 저 誑 속이다 광

우산과 무릉 두 섬이 현의 정동쪽 바다에 있다. 두 섬은 서로의 거리가 멀지 않으니, 날씨[78]가 맑고 밝으면 바라볼[79] 수 있다. 신라 때 '우산국'이라 불렀고, 한편으로는 '울릉도'라고 불렀다[80]. 지방이 1백 리이며, 〈사람들이 지세가〉 험함을 믿고[81] 복종하지 아니하므로, 智證王 12년에 異斯夫가 何瑟羅州 軍主가 되어 이르기를, "우산국 사람들은 어리석고 사나워서,[82] 위엄으로는 복종시키기 어려우니, 계교로써 해야한다." 하고는, 나무로써 사나운 짐승을 많이 만들어서, 여러 戰船에 나누어 싣고, 그 나라에 가서 속여 말하기를, "너희들이 만약 항복하지 아니하면, 이 〈사나운〉 짐승을 곧 놓아서 〈너희들을 잡아먹게 하리라.〉" 하니, 그 나라 사람들이 두려워하여 와서 항복하였다.

---

78 風日: 날씨.

79 望見: 높은 곳이나 먼 곳에서 바라봄.

80 一云: 한편으로 ~라고 하다.

81 恃險(믿다 시): 지세의 險固함을 믿고 의지함.

82 愚悍(사납다 한): 어리석고 흉포함.

6-20 鬱陵島 울릉도

安龍福 善倭語 入海漁採 漂到鬱陵島 被拘入馬島 乃曰 鬱陵 距我國 一日程 距倭 五日程 非屬我國者乎 朝鮮人 自往朝鮮地 何拘爲

【훈음】 善 잘하다 선 漂 떠내려가다 표 距 서로 떨어지다 거 屬 속하다 속 拘 잡다 구

안용복[83]은 일본어[84]를 잘하였다. 바다에 들어가 물고기를 잡고[85] 해초를 캐다가, 표류하여 울릉도에 이르러 붙들림을 당하여 대마도[86]로 들어갔다. 이에 말하였다. "울릉도는 우리나라까지 떨어진 거리가 하루 길이고, 왜까지 떨어진 거리가 닷새 길이니, 우리나라에 속한 것이 아니냐? 조선 사람이 스스로 조선 땅에 갔는데, 어찌 잡느냐?"

【출처】 장원교육 23과, 박영사 19과

6-21 鬱陵島 울릉도

此島 高麗得之於新羅 我朝得之於高麗 元非日本之地 祖宗疆土 不可與之

83 安龍福 : 숙종 때 울릉도와 독도가 조선 땅임을 일본 막부가 자인하도록 활약한 민간 외교가.

84 倭語 : 일본말.

85 漁採 : 물고기를 잡고 해초를 채취함.

86 馬島 : 대마도.

【훈음】 元 원래 원 疆 지경 강

이 섬[87]은 고려가 그것을 신라에서 얻었고, 우리 왕조[88]가 그것을 고려에서 얻었으니, 원래 일본의 땅이 아니다. 조상[89]의 우리나라 땅[90]은 그들에게 줄 수 없다.

【출처】 (2015 개정)금성출판사 15과, (2015 개정)다락원 19과

6-22 大韓國 대한국(《蒙學漢文初階》)

大韓國在亞細亞之東 北連大陸 東西南 環以洋海 故謂半島國

대한국은 아시아의 동쪽에 있으니, 북쪽은 대륙에 이어져 있고, 동서남 쪽은 바다로 둘리어 있다. 그러므로 반도국이라 말한다.

【출처】 (2015 개정)지학사 14과

---

87 此島: 독도를 포함한 울릉도.

88 我朝: 우리 왕조(조선).

89 祖宗: 祖上.

90 疆土: 나라의 경계 안에 있는 땅.

7. 설화와 소설

현실적으로 일어날 수 없는 상상의 이야기는 지금도 많은 이들의 관심 대상이다. 과거에는 어떤 이야기로 사람들의 이목을 끌었는지 주로 우리나라의 이야기를 대상으로 엮었다.

7-1 金閼智 김알지

瓠公 夜行月城西里 見大光明於始林中 有紫雲 從天垂地 雲中有黃金櫃 掛於樹枝 光自櫃出 亦有白鷄 鳴於樹下 以狀聞於王 駕幸其林 開櫃 有童男 臥而卽起 如赫居世之故事 故因其言 以閼智名之 閼智 卽鄕言 小兒之稱也 抱載還闕 鳥獸相隨 喜躍蹌蹌 王擇吉日 册位太子 後讓於婆娑 不卽王位 因金櫃而出 乃姓金氏……新羅金氏 自閼智始

【훈음】 **櫃** 궤짝 궤 **狀** 상황 상 **聞** 아뢰다 문 **闕** 대궐 궐
躍 뛰다 약 **册** 책봉하다 책 **位** 세우다 위 **卽** 나아가다 즉

호공이 월성[1] 서쪽 마을에서 밤에 길을 가다가, 시림[2] 안에서 커다란 밝은 빛을 보았다. 어떤 자줏빛 구름[3]이 하늘로부터 땅으로 드리워져 있고, 그 구름 속에 어떤 금궤가 나뭇가지에 걸려 있는데, 빛은 그 궤로부터 나오는 것이었다. 또 어떤 흰 닭이 나무 아래에서 울고 있었다. 〈호공이〉 이러한 상황을 왕에게 아뢰었다. 御駕가 그 숲으로 거둥하여[4] 궤를 열어 보니, 남

---

1 月城 : 신라 시대의 都城.

2 始林 : 鷄林.

3 紫雲 : 자줏빛 구름. 상서로운 조짐으로 여겼다.

4 駕幸(임금 수레 가, 거둥하다 행) : 임금이 수레를 타고 거둥함.

자아이가 누워 있다가 곧바로 일어났으니, 혁거세의 옛일[5]과 같았다. 그러므로 그 말로 인해 '알지'라고 이름 지었다. 알지는 곧 지방(신라)[6]의 말이니, 어린아이를 가리키는 말이다. 〈아이를〉 안고 수레에 태워서 대궐로 돌아오니, 새와 짐승들이 서로 따라오며 기뻐서 날뛰었다[7]. 왕이 길일을 택하여 태자로 책봉했으나, 후에 파사[8]에게 사양하고 왕위에 나가지 않았다. 금궤에서 나왔기 때문에 이에 김 씨를 성으로 하였다. 신라의 김씨는 알지로부터 비롯한 것이다.

【출처】 (2015 개정)동아출판 14과

7-2 延烏郎 細烏女 연오랑 세오녀

第八阿達羅王卽位四年丁酉 東海濱有延烏郎細烏女 夫婦而居 一日延烏歸海採藻 忽有一巖 負歸日本 國人見之曰 此非常人也 乃立爲王 細烏怪夫不來 歸尋之 見夫脫鞋 亦上其巖 巖亦負歸如前 其國人驚訝 奏獻於王 夫婦相會 立爲貴妃 是時新羅日月無光 日者奏云日月之精 降在我國 今去日本 故致斯怪 王遣

5 赫居世之故事 : 박혁거세가 처음 입을 열었을 때 스스로 "알지 거서간이 한 번 일어났다."라고 하였다는 옛일을 이름.

6 鄕 : 지방. 당시에 중국에 대하여 신라를 가리키는 말.

7 蹌蹌(춤추다 창) : 춤추는 모양.

8 婆娑 : 신라 제5대왕.

使求二人 延烏曰 我到此國 天使然也 今何歸乎 雖然 朕之妃有所織細綃 以此祭天 可矣 仍賜其綃 使人來奏 依其言而祭之 然後日月如舊 藏其綃於御庫爲國寶 名其庫爲貴妃庫 祭天所名迎日縣 又都祈野

【훈음】 藻 마름 조 鞋 신 혜 訝 의아하다 아 綃 얇은 비단 초

제8대 아달라왕이 즉위한 4년 정유(丁酉: 157)에, 동해 바닷가에는 연오랑과 세오녀 부부가 살고 있었다. 어느 날 연오랑이 바다에 나가 해초를 따고 있는데, 갑자기 바위 하나가 나타나더니, 연오랑을 등에 업고 일본으로 가버렸다. 이것을 본 나라 사람들은, "이는 범상한 사람이 아니다."하고, 세워서 왕을 삼았다. 세오녀는 남편이 돌아오지 않는 것이 이상해서, 바닷가에 나가서 찾아보니, 남편이 벗어 놓은 신이 있었다. 또한 그 바위 위에 올라갔더니, 그 바위는 또한 세오녀를 업고 마치 연오랑 때와 같이 일본으로 갔다. 그 나라 사람들은 놀라고 이상히 여겨, 왕에게 이 사실을 아뢰었다. 이리하여 부부가 서로 만나게 되어, 그녀로 귀비를 삼았다. 이때 신라에서는 해와 달에 광채가 없었다. 일자[9]가 왕께 아뢰기를, "해와 달의 정기가 우리나라에 내려 있었는데, 이제 일본으로 가 버렸기 때문에, 이러한 괴변이 생기는 것입니다."했다. 왕이 사자를 보내서 두 사람을 찾으니, 연오랑은 말한다. "내가 이 나라에 온 것은 하늘이 시킨 일인데, 이제 어찌 돌아갈 수가 있겠는가? 그렇지만 나의 비가 짠 고운 비단이 있으니, 이것으로 하늘에 제사를 드리

9 日者: 길흉을 점치는 사람.

면 될 것이다." 이렇게 말하고 비단을 주니, 사자가 돌아와서 사실을 보고하고, 그의 말대로 하늘에 제사를 드렸다. 그런 뒤에 해와 달의 정기가 전과 같았다. 이에 그 비단을 임금의 창고에 간수하고 국보로 삼으니, 그 창고를 귀비고라 한다. 또 하늘에 제사지낸 곳을 영일현, 또는 도기야라 한다.

【출처】 장원교육 21과, (2015개정)지학사 20과

7-3 王子好童 왕자 호동(《三國史記》)

夏四月 王子好童遊於沃沮 樂浪王崔理出行 因見之問曰 觀君顔色 非常人 豈非北國神王之子乎 遂同歸 以女妻之 後好童還國 潛遣人 告崔氏女曰 若能入而國武庫 割破鼓角 則我以禮迎 不然則否 先是 樂浪有鼓角 若有敵兵則自鳴 故令破之 於是崔女將利刀 潛入庫中 割鼓面角口 以報好童 好童勸王襲樂浪 崔理以鼓角不鳴不備 我兵掩至城下 然後知鼓角皆破 遂殺女子 出降 或云 欲滅樂浪 遂請婚 娶其女爲子妻 後使歸本國 壞其兵物 冬十一月 王子好童自殺 好童王之次妃曷思王孫女所生也 顔容美麗 王甚愛之 故名好童 元妃恐奪嫡爲太子 乃讒於王曰 好童不以禮待

妾 殆欲亂乎 王曰 若以他兒憎疾乎 妃知王不信 恐禍將及 乃涕泣而告曰 請大王密候 若無此事 妾自伏罪 是大王不能不疑 將罪之 或謂好童曰 子何不自釋乎 答曰 我若釋之 是顯母之惡 貽王之憂 可謂孝乎 乃伏劒而死

【훈음】 **掩** 엄습하다 **엄** **亂** 음란하다 **란** **候** 살피다 **후** **貽** 끼치다 **이**

여름 4월에 〈고구려 大武神王의 아들〉 왕자 好童이 옥저로 놀러 갔을 때, 낙랑왕 崔理가 출행하였다가, 그를 보고서 물었다. "그대의 얼굴을 보니, 보통 사람이 아니구나. 혹시 북국 神王의 아들이 아닌가?"하고는, 마침내 함께 돌아와, 딸을 아내로 삼게 하였다. 후에 호동이 나라로 돌아와, 몰래 사람을 보내, 최씨 딸에게 알려서 말하기를 "만일 너희 나라의 무기고에 들어가, 북과 뿔피리를 찢고 부술 수 있다면, 내가 예로써 맞이할 것이고, 그렇지 않으면 맞이하지 않을 것이다." 하였다. 이보다 앞서, 낙랑에는 북과 뿔피리가 있어서, 만약 적의 병력이 침입하면 저절로 울었다. 그런 까닭에 이를 부수게 한 것이다. 이에 최씨 딸이 예리한 칼을 가지고, 몰래 창고에 들어가, 북의 면과 뿔피리의 주둥이를 쪼개고, 호동에게 알렸다. 호동이 왕에게 권하여 낙랑을 습격하였다. 최리는 북과 뿔피리가 울리지 않아 대비하지 못하였다. 우리(고구려) 병력이 기습하여 성 밑에 도달한 연후에야, 북과 뿔피리가 모두 부서진 것을 알았다. 마침내 딸을 죽이고 나와서 항복하였다. 어떤 사람이 말하기를 "낙랑을 멸하려고, 청혼을 해서, 그 딸을 데려다 며느리로 삼고, 후에 본국으로 돌아가서, 병기와 기물을 부수게 하였다."고

한다. 겨울 11월에 왕자 호동이 자살하였다. 호동은 왕의 둘째 부인인 갈사왕의 손녀에게서 태어났다. 얼굴이 아름답고 고와, 왕(대무신왕)이 그를 매우 사랑하였던 까닭에, 호동이라 이름을 지었다. 첫째 왕비는 〈호동이〉 대를 이를 자리를 빼앗아[10] 태자가 될 것을 염려하여, 왕에게 참소하여 말하기를 "호동이 저를 예로써 대하지 않으니, 아마 저에게 음란한 짓을 행하려는 것 같습니다."고 하였다. 왕이 말하기를 "다른 사람의 아이라고 미워하는 것입니까?"라고 하니, 왕비가 왕이 믿지 않는 것을 알고, 화가 미칠 것을 두려워하여, 울면서 말하기를 "청컨대 대왕께서 몰래 살펴보시고, 만일 이런 일이 없다면, 첩이 스스로 죄를 인정하겠습니다.[11]"고 하였다. 이에 왕이 의심하지 않을 수 없어, 장차 죄를 주려고 하였다. 혹자는 호동에 일러 말하기를 "그대는 어찌 스스로 해명하지 않는가?"하고 하였다. 대답하기를 "내가 만일 해명을 하면, 이는 어머니의 악함을 드러내어, 왕께 근심을 끼치는 것이니, 어찌 효라 할 수 있겠는가?"하고, 곧 칼에 엎어져 죽었다.

【출처】 (2015개정)이젠교육 21과

7-4 金現感虎 김현과 호랑이 처녀의 사랑

新羅俗 每當仲春 初八至十五日 都人士女 競遶興輪寺之殿塔爲福會 元聖王代 有郎君金現者 夜深獨遶不息 有一處女 念佛隨遶 相

10 奪嫡 : 庶子가 嫡子를 제치고 왕위를 계승함.

11 伏罪 : 자기의 죄를 인정함.

感而目送之 遶畢 引入屛處通焉 女將還 現從之 女辭拒而强隨之

【훈음】 遶 두르다 요 屛 가리워지다 병

신라 풍속에, 해마다 2월이 되면, 초파일에서 15일까지, 서울의 남녀가 다투어 흥륜사의 전탑을 도는 복회를 행했다. 원성왕 때에 김현이라는 낭군이 있어서, 밤이 깊도록 혼자서 탑을 돌기를 쉬지 않았다. 그때 한 처녀가 염불을 하면서 따라 돌다가, 서로 마음이 맞아 눈을 주더니, 돌기를 마치자, 으슥한 곳으로 이끌고 가서 정을 통하였다. 처녀가 돌아가려 하자, 김현이 따라가니, 처녀는 사양하고 거절했지만 김현은 억지로 따라갔다.

行至西山之麓 入一茅店 有老嫗問女曰 附率者何人 女陳其情 嫗曰 雖好事 不如無也 然遂事 不可諫也 且藏於密 恐汝弟兄之惡也 把郞而匿之奧 少選有三虎 咆哮而至 作人語曰 家有腥膻之氣 療飢何幸 嫗與女叱曰 爾鼻之爽乎 何言之狂也 時有天唱 爾輩嗜害物命尤多 宜誅一以徵惡 三獸聞之 皆有憂色 女謂曰 三兄若能遠避而自懲 我能代受其罰 皆喜 俛首妥尾而遁去

【훈음】 麓 산기슭 록 店 가게 점 嫗 할머니 구 匿 숨기다 닉
奧 깊숙한 안쪽 오 選 잠깐 선 腥 비리다 성 膻 누리다 전

療 고치다 **료** **爽** 상하다 **상** **唱** 부르다 **창** **俛** 숙이다 **부**
妥 떨어지다 **타**

길을 가다가 서산 기슭에 이르러, 한 초가집으로 들어가니, 늙은 할머니가 처녀에게 물었다. "함께 온 자는 누구냐?" 처녀가 사실대로 말하자, 늙은 할머니는 말했다. "비록 좋은 일이긴 하나, 없는 것만 못하다. 그러나 이미 저지른 일[12]이어서, 나무랄 수도 없으니, 은밀한 곳에 숨겨 두거라. 네 형제들이 나쁜 짓을 할까 두렵다." 하고, 김현을 이끌어 구석진 곳에 숨겼다. 조금 뒤에, 세 마리 범이 으르렁거리며 들어와, 사람의 말로 말했다. "집에서 비린내가 나니, 요기하기에 얼마나 다행인가?" 늙은 할머니와 처녀가 꾸짖었다. "너희 코가 상했는냐? 무슨 미친 소리냐?" 이때 하늘에서 외치는 소리가 들렸다. "너희들이 즐겨 생명을 해치는 것이 너무 많으니, 마땅히 한 놈을 죽여 악을 징계하겠노라." 세 짐승은 이 소리를 듣자, 모두 근심하는 기색이었다. 처녀가 "세 분 오빠께서 만약 멀리 피해 가서 스스로 징계하신다면, 내가 그 벌을 대신 받겠습니다." 하고 말하니, 모두 기뻐하여, 고개를 숙이고 꼬리를 떨어트리며 달아나 버렸다.

女入謂郞曰 始吾恥君子之辱臨弊族 故辭禁爾 今旣無隱 敢布腹心 且賤妾之於郞君 雖曰非類 得陪一夕之歡 義重結褵之好 三兄之惡

---

12 **遂事**: 이미 이루어진 일. 《논어》에, "이루어진 일은 말하지 않고, 진행 중인 일은 간하지 않으며, 이미 지나간 것은 탓하지 않는다.〔成事不說 遂事不諫 旣往不咎〕"라 하였다.

天旣厭之 一家之殃 予欲當之 與其死於等閑人之手 曷若伏於郎君刃下 以報之德乎 妾以明日入市爲害劇 則國人無如我何 大王必募以重爵而捉我矣 君其無怯 追我乎城北林中 吾將待之 現曰 人交人 彝倫之道 異類而交 蓋非常也 旣得從容 固多天幸 何可忍賣於伉儷之死 僥倖一世之爵祿乎 女曰 郎君無有此言 今妾之壽夭 蓋天命也 亦吾願也 郎君之慶也 予族之福也 國人之喜也 一死而五利備 其可違乎 但爲妾創寺 講眞詮 資勝報 則郎君之惠莫大焉 遂相泣而別

【훈음】 陪 모시다 배　劇 심하다 극　捉 잡다 착　彝 떳떳하다 이
伉 짝 항　儷 짝 려　僥 바라다 요　違 피하다 위

처녀가 들어와 김현에게 말했다. "처음에 저는 낭군이 저희 집에 오시는 것이 부끄러워, 짐짓 사양하고 거절했습니다. 그러나 이제는 숨길 수 없으니, 감히 진심을 말씀드리겠습니다. 또 저와 낭군은, 비록 종족은 다르지만, 하루저녁의 즐거움을 얻어, 중한 부부[13]의 의를 맺었습니다. 세 오빠의 악함은, 하늘

---

13 結褵(향낭 리) : 結縭라고도 하는데, 향주머니를 채워 주는 것으로 결혼을 뜻한다. 딸이 시집갈 때 어머니가 딸에게 경계의 말을 하며 향주머니를 채워 주었는데, 《시경》에 "아가씨 시집가니, 누런 말과 얼룩말이로다. 어머니가 향주머니 채워 주니, 그 위의 성대하도다.〔之子于歸 皇駁其馬 親結其縭 九十其儀〕"라고 한 말이 보인다.

이 이미 미워하시니, 한 집안의 재앙을 제가 당하려 하오나, 보통 사람의 손에 죽는 것이, 어찌 낭군의 칼날에 죽어서 은덕을 갚는 것만 하겠습니까? 제가 내일 시장에 들어가 몹시 사람들을 해치면, 나라 사람들은 저를 어찌 할 수 없어서, 임금께서 반드시 높은 벼슬로써 사람을 모집하여 저를 잡게 할 것입니다. 그 때 낭군은 겁내지 말고, 저를 쫓아 성 북 쪽의 숲속까지 오시면, 제가 기다리고 있겠습니다."

김현은 말했다. "사람이 사람과 사귐은, 인륜의 도리지만, 다른 유와 사귐은 대개 보통 일이 아니오. 그러나 일이 이미 이렇게 되었으니, 진실로 하늘이 준 다행인데, 어찌 차마 배필의 죽음을 팔아, 한 세상의 벼슬을 바라겠소." 처녀가 말했다. "낭군은 그 같은 말을 하지 마십시오. 이제 제가 일찍 죽는 것은 대개 하늘의 명령이며, 또한 저의 소원이요, 낭군의 경사이며, 우리 일족의 복이요, 나라 사람들의 기쁨입니다. 한 번 죽어 다섯 가지 이로움을 얻을 수 있는 터에, 어찌 피할 수 있겠습니까? 다만 저를 위하여 절을 짓고, 佛經[14]을 강론하여, 좋은 果報를 얻는 데 도움이 되게 해주신다면, 낭군의 은혜는 이보다 더 큼이 없겠습니다." 그들은 마침내 서로 울면서 작별했다.

次日果有猛虎入城中 剽甚無敢當 元聖王聞之 申令曰 戡虎者爵二級 現詣闕 奏曰 小臣能之 乃先賜爵以激之 現持短兵 入林中 虎變爲娘子 熙怡而笑曰 昨夜共郎君繾綣之事 惟君無忽 今日被爪傷者 皆塗興輪寺醬 聆其

14 眞詮(법 전): 참된 깨달음, 진리를 적어 나타낸 글귀.

寺之螺鉢聲 則可治 乃取現所佩刀 自頸而仆 乃虎也 現出林而託曰 今玆虎易搏矣 匿其由不洩 但依諭而治之 其瘡皆效 今俗亦用其方 現旣登庸 創寺於西川邊 號虎願寺 常講梵網經 以導虎之冥遊 亦報其殺身成己之恩 現臨卒 深感前事之異 乃筆成傳 俗始聞知 因名論虎林 稱于今

【훈음】 慓 사납다 표 戡 죽이다 감 激 격려하다 격 熙 기뻐하다 희 怡 기뻐하다 이 螺 소라 라 仆 넘어지다 부 託 핑계하다 탁 諭 깨우침 유

다음날 과연 사나운 범이 성안에 들어와서, 사람들을 몹시 해치니 감히 당해 낼 수 없었다. 원성왕이 듣고 영을 내려, “범을 잡는 사람에게 2급의 벼슬을 주겠다.”고 하였다. 김현이 대궐에 나아가 아뢰었다. “소신이 잡을 수 있습니다.” 왕은 먼저 벼슬을 주고 격려하였다. 김현이 짧은 칼을 쥐고, 숲속으로 들어가니, 범은 변하여 낭자가 되어 반갑게 웃으면서, “어젯밤에 낭군과 마음속 깊이 정[15]을 맺던 일을 잊지 마십시오. 오늘 내 발톱에 상처를 입은 사람들은, 모두 흥륜사의 간장을 바르고, 그 절의 나발[16] 소리를 들으면, 나을 것입니다.”하고는, 이어 김현이 찬 칼을 취해, 스스로 목을 찔러 고꾸라졌는데, 곧 범이였다. 김현이 숲속에서 나와서, “방금 이 범을 쉽게 잡았다.”고 말

15 繾綣(곡진하다 견, 곡진하다 권) : 마음속에 맹세하여 배반하지 않는 모양.

16 螺鉢(소라 나) = 螺角 : 소라.

했다. 그리고 그 연유는 숨기고 말하지 않았다. 다만 그 범이 시킨 대로 치료하니, 상처가 모두 나았다. 지금도 민가에서는 역시 그 방법을 쓴다. 김현은 등용[17]되자, 서천 가에 절을 짓고, 호원사라 이름하였다. 항상 《범망경》을 강하여, 범의 저승길을 인도하고, 그 자신를 죽여 자기를 성공하게 한 은혜에 보답했다. 김현이 죽을 때, 이전 일의 기이함에 깊이 감동하여, 마침내 적어서 전하였으므로, 세속에서 비로소 알게 되었다. 그래서 그 글을 《논호림》이라 했는데, 지금도 일컬어지고 있다.

【출처】 박영사 18과

7-5 溫達傳 온달전

溫達 高句麗平岡王時人也 容貌龍鍾可笑 中心則睟然 家甚貧 常乞食以養母 破衫弊履 往來於市井間 時人 目之爲愚溫達 平岡王少女兒好啼 王戱曰 汝常啼 聒我耳 長必不得爲士大夫妻 當歸之愚溫達 王每言之 及女年二八 欲下嫁於上部高氏 公主對曰 大王常語 汝必爲溫達之婦 今何故 改前言乎 匹夫 猶不欲食言 況至尊乎 故曰 王者無戱言 今大王之命謬矣 妾不敢祗承

【훈음】 衫 적삼 삼 弊 해지다 폐 履 신 리 目 지목하다 목

---

17 登庸 = 燈用 : 인재를 뽑아 씀.

啼 울다 **제** **聒** 시끄럽다 **괄** **歸** 시집가다 **귀** **嫁** 시집가다 **가**
謬 잘못되다 **류** **祗** 공경하다 **지**

온달은 고구려 평강왕 때 사람이다. 얼굴 생김새는 볼품없어[18] 웃을 만하였으나, 속마음은 순수[19]하였다. 집이 매우 가난하여 항상 음식을 구걸하여 어머니를 봉양하였는데, 떨어진 옷과 해진 신으로, 시정[20] 사이를 오가니, 그때 사람들이 그를 지목하여 '바보 온달'이라고 하였다. 평강왕의 어린 딸이 울기를 잘하여 왕이 놀리며 말했다. "너는 항상 울어 내 귀를 시끄럽게 하니, 자라면 반드시 사대부의 아내는 될 수 없을 것이요, 마땅히 바보 온달에게 시집을 보내야겠다."라고 하며, 왕이 매번 그것을 말하였다. 딸의 나이 열여섯 살에 이르러, 상부의 고 씨에게 시집[21]을 보내고자 하니, 공주가 마주 대하여 말하였다. "대왕께서 항상 말씀하시기를 '너는 반드시 바보 온달의 아내가 될 것이다.'라고 하시더니, 지금 무슨 까닭으로 전에 하신 말씀을 바꾸십니까? 필부[22]도 오히려 식언[23]을 하고자 하지 않거늘 하물며 지존[24]께서 그러실 수 있습니까? 그러므로 말하기를 '임금은 실없는 말이 없

18 **龍鍾**: 쇠약하고 볼품없는 모양.

19 **睟然**: 순수한 모양.

20 **市井**: 인가가 모인 곳. 고대에는 우물이 있는 곳에 사람이 모여 살았다는 데서 유래함.

21 **下嫁**: 자신보다 지체가 낮은 곳으로 시집을 감. 공주나 옹주가 신하에게 시집감을 뜻한다.

22 **匹夫**: 평범한 사람.

23 **食言**: 한번 입 밖에 낸 말을 도로 입속에 넣음. 약속한 말대로 지키지 않음.

24 **至尊**: 매우 존귀한 신분. 임금을 높여 부르는 말.

다.'고 하였습니다. 지금 대왕의 명령은 잘못되었으니, 저는 감히 〈그 명령을〉 공경히 받들지 못하겠습니다."라고 하였다.

【출처】 (2015 개정)비상교육 21과

7-6 龜兎之說 거북과 토끼의 이야기(《三國史記》)

春秋以青布三百步 密贈王之寵臣先道解 道解以饌具來 相飲酒酣 戲語曰 子亦嘗聞龜兔之說乎 昔東海龍女病心 醫言 得兔肝 合藥則可療也 然海中無兔 不奈之何 有一龜白龍王言 吾能得之 遂登陸 見兔言 海中有一島 清泉白石 茂林佳菓 寒暑不能到 鷹隼不能侵 爾若得至 可以安居無患 因負兔背上 游行二三里許 龜顧謂兔曰 今龍女被病 須兔肝爲藥 故不憚勞 負爾來耳 兔曰 噫 吾神明之後 能出五藏 洗而納之 日者 小覺心煩 遂出肝心洗之 暫置巖石之底 聞爾甘言徑來 肝尚在彼 何不迴歸取肝 則汝得所求 吾雖無肝 尚活 豈不兩相宜哉 龜信之而還 纔上岸 兔脫入草中 謂龜曰 愚哉 汝也 豈有無肝而生者乎 龜憫默而退

【훈음】 步 길이 단위(8尺·5尺) 보 饌 음식 찬 鷹 매 응 隼 송골매 준

춘추가 푸른 베 3백 步를, 왕이 총애하는 신하 先道解에게 몰래 주었다. 선도해가 음식을 차려 가지고 와서, 함께 술을 마시다가 거나하게 취하게 되자,[25] 〈선도해가〉 농담하듯이 말하였다. "당신은 일찍이 거북이와 토끼의 이야기를 들은 적이 있습니까? 옛날 동해 龍王의 딸이 심장병을 앓았습니다. 의원이 말하기를, '토끼의 간을 얻어, 약을 지으면 치료할 수 있습니다.'라고 하였는데, 그러나 바다 가운데에 토끼가 없어, 어찌할 수 없었습니다. 거북이 한 마리가 용왕에게 아뢰기를, '제가 그것을 얻을 수 있습니다.'라고 하였습니다. 드디어 육지에 올라 토끼를 보고 말하기를, '바다 가운데 섬 하나가 있는데, 맑은 샘과 깨끗한 돌[26], 우거진 숲과 맛있는 과일이 있으며, 추위와 더위가 이르지 못하고, 매와 새매도 침입하지 못한다. 네가 만일 〈그곳에〉 가기만 한다면, 아무 걱정 없이 편안하게 살 수 있을 것이다.'라고 하였습니다. 이어 토끼를 등에 업고, 2~3리쯤 헤엄쳐가다, 거북이가 토끼를 돌아보며 말하기를, '지금 용왕의 딸이 병에 걸렸는데, 모름지기 토끼의 간이 약이 된다고 하기에, 수고로움을 꺼리지 않고, 너를 업고 왔을 뿐이다.'라고 하였습니다. 토끼가 말하기를, '아! 나는 神明[27]의 후예라, 五藏을 꺼내, 그것을 씻어서 다시 넣을 수 있다. 일전[28]에 약간 가슴이 답답함을 느껴, 간과 심장을 꺼내 씻고, 잠시 바위 밑에 두었는

---

25 酒酣(한창이다 감) : 술이 거나하게 취한 상태. 술판이 한창 벌어지고 있는 상태.

26 白石 : 【道】 사람의 이. 희고 깨끗한 돌. 전설상 신선의 양식.

27 神明 : 천지 사이에 있는 일체의 신령.

28 日者 : 근래. 어느날.

데, 너의 달콤한 말을 듣고 서둘러 오느라, 간은 아직도 거기에 있으니, 어찌 되돌아가서 간을 가지고 오지 않겠는가? 그렇게 하면 너도 구하는 것을 얻을 수 있고, 나는 비록 간이 없어도 또한 살 수 있으니, 어찌 둘 다 서로 좋은 일이 아니겠는가?'라고 하였습니다. 거북이가 그 말을 믿고 되돌아가, 막 해안에 오르자마자, 토끼가 달아나 풀 속으로 들어가며, 거북이에게 말하기를, '어리석구나! 그대여. 어찌 간 없이 사는 이가 있을 수 있겠는가?'라고 하였습니다. 거북이는 아무 말도 못하고 물러갔습니다."

【출처】 (2015 개정) 씨마스 22과, (2015 개정) YBM 19과

7-7 春香傳 춘향전

李御史坐於堂上 故戲言之曰 我欲以汝爲房守 汝雖不從府使之令 何敢不聽御史之命 香娘避席而跪曰 幸望御史之神明 欲伸小妾之抑冤 不意今者 反有此分付 此所謂雪上加霜 且御史之命 雖曰不同府使之威 小妾之節 其不變一也 李御史 笑曰 吾言固戲之耳 詩云 善戲謔兮 不爲虐兮 戲之何妨 香娘 香娘 爾不知我乎 今日李御史 卽前日李道令也

【훈음】 故 일부러 고 跪 꿇어앉다 궤 虐 모질다 학 妨 방해하다 방

이 어사가 대청 위에 앉아, 일부러 장난삼아 말하였다. "내가

너를 방수[29]로 삼고자 한다. 네가 비록 부사의 명령을 따르지 않았다 할지라도, 어찌 감히 어사의 명령을 듣지 않겠느냐?" 춘향이 〈앉았던〉 자리를 피하여 물러나서[30] 무릎을 꿇고 말하길 "다행히 바라옵건대 어사의 영명함[31]으로 소첩의 억울하고 원통함[32]을 펴고자 하였습니다. 뜻밖에도 이제 도리어 이런 분부[33]가 있으니, 이것은 이른바 '설상가상'이라고 할 것입니다. 또 어사의 명이 비록 부사의 위엄과 같지 않다고 하나, 소첩의 절개는 변치 않음이 한결같을 것입니다." 어사가 웃으며 "내 말은 진실로 장난친 것일 뿐이다. 《詩經》에서 '농담[34]을 잘하시되 남을 해치지 않도다.'라고 하였다. 농담을 하는 데 무엇을 꺼리겠는가? 향랑아! 향랑아! 너는 나를 모르겠느냐?" 오늘의 이 어사는 곧 전날의 이 도령이었던 것이다.

【출처】 (2015 개정)동아출판 15과

7-8 許生傳 허생전

許生居墨積洞 直抵南山下 井上有古杏樹 柴扉向樹而開 草屋數間 不蔽風雨 然許生好讀

29 房守 : 예전에 수청방에서 시중을 드는 사람.

30 避席 = 避座 : 앉았던 자리를 피하여 물러남. 웃어른에게 공경을 표하기 위하여 모시던 자리에서 일어남.

31 神明 : 밝은 지혜가 신과 같음.

32 抑冤 : 억울하고 원통함.

33 分付 : 아랫사람에게 내리는 명령.

34 戱謔 : 실없는 말로 하는 농지거리.

書 妻爲人縫刺以糊口 一日 妻甚飢 泣曰 子平生不赴擧 讀書何爲 許生 笑曰 吾讀書未熟 妻曰 不有工乎 生曰 工 未素學 奈何 妻曰 不有商乎 生曰 商 無本錢 奈何 其妻恚且罵曰 晝夜讀書 只學奈何 不工不商 何不盜賊 許生 掩卷起曰 惜乎 吾讀書 本期十年 今七年矣 出門而去 無相識者

【훈음】 抵 이르다 저 恚 성내다 에 罵 꾸짖다 매

허생은 묵적동에 살고 있었다. 곧장 南山 밑에 이르면, 우물 터 가에 해묵은 은행나무가 서 있고, 사립문[35]이 그 나무를 향하여 열려 있으며, 초옥 두어 칸이, 비바람을 가리지 못한 채 서 있었다. 그러나 허생은 글 읽기만 좋아하였고, 그의 아내가 남의 바느질품[36]을 팔아 겨우 입에 풀칠하는 셈이다.[37] 하루는 그 아내가 몹시 주려서, 울며 하는 말이, "당신은 한 평생에 科擧도 보지[38] 않사오니, 이럴진대 글은 읽어서 무엇하시려오?" 하였다. 허생은 "난 아직 글 읽기에 세련되지 못한가 보오." 하니, 아내는, "그러면 공장이 노릇도 못 하신단 말예요?" 하였다. 허생은, "공장이 일이란 애초부터 배우지 못했으니까 어떻게 할 수 있겠소?" 하니, 아내는, "장사가 있지 않아요?" 한

35 柴扉 : 사립문. 가난한 집안.

36 縫刺 : 바느질과 자수

37 糊口 : 입에 풀칠함. 겨우 생계를 유지함.

38 赴擧 : 과거에 응시함.

다. 허생은, “장사는 밑천이 없고서야 어떻게 할 수 있겠소?” 하였다. 아내는 화가나 꾸짖으며 “밤낮으로 글 읽었다는 것이, 겨우 어찌할 수 있겠소 하는 것만 배웠소? 공장이 노릇도 하기 싫고, 장사도 하기 싫다면, 도둑질이라도 해보는 게 어떻소?” 했다. 이에 허생은 책장을 덮어 치우고 일어서면서, “애석하구나! 내 애초 글을 읽을 제 십 년을 채우렸더니, 이제 겨우 7년밖에 되지 않는군.” 하고는, 곧 문밖을 나섰으나, 한 사람도 아는 이가 없었다.

直之雲從街 問市中人曰 漢陽中誰最富 有道卞氏者 遂訪其家 許生長揖曰 吾家貧 欲有所小試 願從君借萬金 卞氏曰 諾 立與萬金 客竟不謝而去 子弟賓客 視許生丐者也 絲條穗拔 革屨跟顚 笠挫袍煤 鼻流清涕 客旣去 皆大驚曰 大人知客乎 曰 不知也 今一朝 浪空擲萬金於生平所不知何人 而不問其姓名何也 卞氏曰 此非爾所知 凡有求於人者 必廣張志意 先耀信義 然顔色媿屈 言辭重複 彼客衣屨雖弊 辭簡而視傲 容無怍色 不待物而自足者也 彼其所試術不小 吾亦有所試於客 不與則已 旣與之萬金 問姓名何爲

【훈음】丐 거지 개　絛 끈 조　穗 술 장식 혜　拔 뽑다 발
屨 신 구　跟 발꿈치 근　顚 뒤집히다 전　挫 부러지다 좌

袍 도포 **포** **煤** 그을음 **매** **涕** 콧물 **체** **浪** 함부로 **랑**
空 헛되이 **공** **耀** 빛내다 **요** **媿** 부끄러워하다 **괴**

곧장 종로 네거리에 가서, 저자 사람들에게 "서울 안에서 누가 제일 부자요?"하고 물었다. 卞氏(卞承業의 조부)를 일러주는 이가 있었다. 〈허생은〉 드디어 그 집을 찾았다. 허생이 길게 揖하며, "내 집이 가난해서, 조금 시험해 볼 일이 있어, 그대에게 萬金을 빌리고 싶소." 했다. 변씨는 "그러시오." 하고는, 곧 만 금을 내주었다. 그러나 객은 끝내 감사하다고 말하지 않고 가 버렸다. 〈변씨의〉 子弟와 賓客들은, 허생을 보니 비렁뱅이였다. 허리에 실띠를 둘렀으나 술이 다 뽑혀 버렸고, 가죽신을 신었으나 뒷굽이 자빠졌으며, 다 망그러진 갓에다 검은 그을음이 흐르는 道袍를 걸쳐 입었는데, 코에서는 맑은 콧물이 흘러내렸다. 그가 나가 버린 뒤에, 모두들 크게 놀라며, "아버지께서는 그 손님을 잘 아십니까?"하고 물었다. 변씨는 "몰랐지." "〈그러시다면 어찌〉 지금 하루아침에, 만 금을 평소에 어떤 사람인지 알지도 못하는 자에게 헛되이 던져주시면서, 그의 성명도 묻지 않음은 무슨 까닭이십니까?" 했다. 변씨는 "이건 너희들이 알 바 아니다. 대체로 남에게 〈무엇을〉 요구할 때엔, 반드시 意志[39]를 과장하여,[40] 먼저 信義를 나타내는 법이다. 그러고 얼굴빛은 부끄럽고도 비겁하며, 말은 거듭함이 일쑤이니라. 그런데 저 손님은 옷과 신이 비록 떨어졌으나, 말이 간단하고 눈가짐이 오만하고, 얼굴엔 부끄러운 빛이 없음으로 보아서, 그는 物質을 기다리기 전에 벌써

---

39 志意: 정신. 소원. 의지.

40 廣張: 폭넓게 펼쳐둠. 확대함.

스스로 만족을 가진 사람임에 틀림없는 것이다. 아마 그의 시도하려는 방법도 적지 않거니와, 나 역시 그에게 시도함이 있다. 그리고 주질 않는다면 모르려니와, 기왕 만 금을 줄 바에야, 성명은 물어서 무엇하겠느냐?" 하였다.

【출처】 YBM 15과, 박영사 18과, (2015개정)금성출판사 21과, (2015개정)YBM 20과

7-9 虎叱 호질

虎叱曰 毋近前 囊也吾聞之 儒者諛也 果然 汝平居 集天下之惡名 妄加諸我 今也急而面諛 將誰信之耶 夫天下之理 一也 虎誠惡也 人性亦惡也 人性善 則虎之性亦善也 汝千語萬言 不離五常 戒之勸之 恒在四綱 然都邑之間 無鼻無趾 文面而行者 皆不遜五品之人也

【훈음】 **囊** 접때 낭 **趾** 발 지 **遜** 따르다 손

범은 〈북곽선생을〉 꾸짖기를 "앞에 가까이 오지 마라. 지난번 내 들으니, '선비 유' 자는 '아첨 유' 자와 통한다고 하더니 과연 그렇구나. 너는 평소[41]에 천하의 악명을 모아다가, 망령되게 나에게 그것을 덮어씌우더니, 지금 다급해지자 면전에서 아첨을 떠니,[42] 장차 누가 그 말을 믿겠는가? 무릇 천하의 이치는 하나이니, 호랑이가 참으로 악하다면, 사람의 성품 또한 악

41 平居 : 평소. 평상시.

42 面諛(아첨하다 유) : 면전에서 아첨함.

하고, 사람의 성품이 선하다면 호랑이의 성품 또한 선할 것이다. 너희들의 천 마디 말·만 마디 말이, 오상[43]에서 떠나지 않고, 그것을 경계하고 그것을 권면하는 것이 항상 四綱[44]에 있다. 그러나 도성의 안에 코 없는 자·발꿈치 없는 자·얼굴에 문신[45]하고 다니는 자들이, 모두 五倫[46]을 따르지 않은 사람들이다."

【출처】 (2015 개정)지학사 22과

43 五常 – 五品. 五德 : 仁·義·禮·智·信.

44 四綱 : 禮·義·廉·恥.

45 文面 : 형벌로 얼굴에 먹물로 문신을 새김. ≒ 刺字.

46 五品 = 五倫.

8.가르침을 주는 글

앞의 '단문'에서는 짧은 글로 가르침을 주었다면, 이 부분에서는 훌륭한 문장을 통해 가르침을 주는 글을 모은 것이다. 중국과 우리나라에서 많이 읽었던 名文을 위주로 모았다.

8-1 子罕辭寶 자한이 보옥을 사양하다

(《春秋左氏傳》 襄公 15년)

宋人或得玉 獻諸子罕 子罕弗受 獻玉者曰 以示玉人 玉人以爲寶也 故敢獻之 子罕曰 我以不貪爲寶 爾以玉爲寶 若以與我 皆喪寶也 不若人有其寶 稽首而告曰 小人懷璧 不可以越鄉 納此以請死也 子罕寘諸其里 使玉人爲之攻之 富而後使復其所

【훈음】 **寘** 두다 **치**

송나라 사람중에 어떤 이가 옥을 얻어 자한[1]에게 바쳤는데, 자한이 받지 않았다. 옥을 바친 사람이 말하였다. "이것을 옥인[2]에게 보였더니, 옥인이 보배라고 말했습니다.[3] 그 때문에 감히 이를 바친 것입니다." 자한이 말하였다. "나는 탐하지 않는 것을 보배로 삼고, 그대는 옥을 보배로 삼는다. 만약 옥을 나에게 준다면, 모두 보배를 잃는 것이다. 사람마다 그 보배를 가지는 것만 못하오." 머리를 조아리고[4] 아뢰었다. "小人이

---

1 子罕 : 춘추시대 송나라 사람.

2 玉人 : 옥장이. 옥을 다루어 물품을 만드는 사람.

3 **以爲** = **以謂** : …라고 여김. …라고 말함.

4 **稽首**(조아리다 계) = **稽道** : 꿇어 앉아 머리가 땅에 닿도록 굽혀서 하는 九拜의 한 가지로, 공경함을 최대로 나타내는 절이다.

몸에 玉을 품고는 살아서 이 고장을 벗어날 수 없으니, 이 玉을 바치고서 죽음을 면하려는 것입니다.[5]"라고 하였다. 이 말을 들은 子罕은 그를 자기 마을에 머물게 하고서, 玉工을 보내어 그 玉을 다듬게 하여, 〈그 玉을 팔아〉 富者가 되게 한 뒤에 그를 고향으로 돌려보냈다.

【출처】 장원교육 14과, 대학서림 7과

8-2 羊頭狗肉 양두구육(《晏子春秋》)

靈公好婦人而丈夫飾者 國人盡服之 公使吏禁之曰 女子而男子飾者 裂其衣 斷其帶 裂衣斷帶 相望而不止 晏子見公 問曰 寡人使吏禁女子而男子飾者 裂斷其衣帶 相望而不止者 何也 晏子對曰 君使服之于內 而禁之于外 猶懸牛首于門 而賣馬肉于內也 公何以不使內勿服 則外莫敢爲也 公曰 善 使內勿服 不踰月 而國人莫之服

【훈음】 踰 넘다 유

齊나라 靈公이 총애하는 부인이 여자이면서 장부처럼 꾸미는 것을 좋아하니, 나라 사람들도 다 그렇게 옷을 입었다. 영공이 관리에게 그것을 금지시키면서 "여자이면서 남자처럼 꾸미고 다니는 사람은, 그 옷을 찢고, 그 띠를 잘라라."라고 하였다. 그런

---

5 請死 = 請免死 : 죽음을 면하려 하다.

데 옷을 찢고 띠를 자른 사람들이, 서로 바라보고서[6] 그치지 않았다. 晏子[7]가 만나 뵈니, 영공이 "과인이 관리로 하여금, 여자이면서 남자처럼 꾸미고 다니는 사람을 금하여, 그 옷을 찢고 그 띠를 자르라고 했는데, 서로 바라보고서 그치니 않는 것은, 왜인가?"라고 물으니, 안자가 "임금께서 궁 안에서 그것을 입게 하시고, 궁 밖에서 그것을 금하시게 하시니, 문에 소머리를 내걸고 안에서 말고기를 파는 것과 같습니다.〔羊頭狗肉〕 영공께서는 왜 궁 안에서도 입지 말라고 하지 않으십니까? 그러면 밖에서도 감히 그렇게 하지 않을 것입니다."라고 대답하였다. 영공이 "좋다."라고 하고, 안에서도 입지 말게 하였다. 그랬더니 한 달이 넘지 않아 나라 사람 중에 그렇게 입는 사람이 없었다.

8-3 二柄 두 가지 권력(《韓非子集解》 제7 〈二柄〉)

昔者 韓昭侯醉而寢 典冠者見君之寒也 故加衣於君之上 覺寢而說 問左右曰 誰加衣者 左右答曰 典冠 君因兼罪典衣殺典冠 其罪典衣 以爲失其事也 其罪典冠 以爲越其職也 非不惡寒也 以爲侵官之害甚於寒

옛날에 韓 昭侯[8]가 술에 취해 잠을 자고 있었는데, 典冠(임금

---

6 相望: 서로 바라보는 것으로, 끊임없이 이어져 많음을 말함.

7 晏子: 춘추시대 齊나라의 大夫 晏嬰(B.C. 578~B.C. 500)이다. 그는 靈公·莊公·景公을 섬겼으며 근검절약하고 힘써 노력하여 사람들의 존경을 받았다.

8 韓 昭侯: 전국시대 韓나라 군주이다. 申不害를 재상으로 삼아 法

의 冠을 담당하는 관리)이 임금의 추운 모습을 보았으므로, 임금(몸) 위에 옷을 덮어주었다. 〈昭侯가〉 잠에서 깨어 기뻐하면서, 좌우에게 묻기를 "누가 옷을 덮어주었는가?"라고 하니, 좌우에서 대답하기를 "典冠입니다."라고 하였다. 임금은 이 일로 인해 아울러 典衣(임금의 옷을 담당하는 관리)에게 죄를 내리고 典冠을 죽여버렸다. 典衣에게 죄를 내린 것은, 그가 자신의 일을 하지 않았기 때문이고, 典冠에게 죄를 내린 것은, 그가 직분을 넘었기 때문이다. 추위를 싫어하지 않아서가 아니라, 자기 직분을 넘어서는 해는 추위보다 심하다고 여겨서이다.

8-4 荊軻 형가(《史記》〈刺客列傳〉)

荊軻[9]乃逐秦王 而卒惶急 無以擊軻 而以手共搏之 是時 侍醫夏無且 以其所奉藥囊 提荊軻也 秦王方環柱走 卒惶急 不知所爲 左右乃曰 王負劍 負劍 遂拔以擊荊軻 斷其左股 荊軻廢 乃引其匕首 以擿秦王 不中 中銅柱

【훈음】 卒 갑자기 졸 囊 주머니 낭 提 던지다 제
股 넓적다리 고 廢 다쳐서 기능을 잃다 폐 擿 던지다 척

형가가 이에 진왕(진 시황)을 쫓았는데 〈신하들이〉 갑자기 몹시 다급하여[10] 형가를 공격할 것이 없어서 맨손으로 함께 그

家 사상으로 나라를 다스렸다.

9 荊軻 : 진왕 정(진 시황)을 죽이기 위해 연나라 태자 단이 보낸 자객.

10 惶急(급하다 황) : 몹시 다급함.

를 쳤다. 이때 시의(侍醫) 하무저(夏無且)가 들고 있던 약주머니를 형가에게 던졌다. 진왕은 막 기둥을 돌아 달아나다가 갑자기 몹시 다급하여 어찌할 바를 몰랐는데, 좌우 신하들이 곧 말하기를, "대왕께서는 칼을 등에 지십시오."라고 하니, 칼을 등에 지고 드디어 〈칼을〉 뽑아서 형가를 공격하여, 그의 왼쪽 다리를 베었다. 형가가 쓰러지자, 이에 그 비수를 끌어 당겨 진왕에게 던졌으나, 맞지 않고 구리 기둥에 맞았다.

【출처】 (2015 개정)천재교과서 22과

8-5 外儲說 외저설(《韓非子集解》 제32 〈外儲說 左上〉)

宋王與齊仇也 築武宮 謳癸倡 行者止觀 築者不倦 王聞 召而賜之 對曰 臣師射稽之謳又賢於癸 王召射稽 使之謳 行者不止 築者知倦 王曰 行者不止 築者知倦 其謳不勝如癸美 何也 對曰 王試度其功……夫良藥苦於口而智者勸而飮之 知其入而已己疾也 忠言拂於耳 而明主聽之 知其可以致功也

【훈음】 仇 적수 구　謳 노래하다 구　倡 광대 창　倦 피곤하다 권
已 병이 낫다 이　拂 거스르다 불

宋나라 왕이 齊나라와 적대할 적에, 武宮을 쌓으면서, 가수 癸에게 노래를 부르게 하자, 길 가는 자가 멈추어 구경하고, 쌓는 일꾼들은 피곤해하지 않았다. 왕이 듣고서, 불러 〈상을〉 내리자, 〈癸가〉 대답하기를 "신의 스승 射稽의 노래는, 저보다 훨

씬 낫습니다." 하였다. 왕이 射稽를 불러, 노래를 부르게 하자, 길 가는 자는 멈추지 않고, 쌓는 일꾼들은 피곤해하였다. 왕이 말하기를 "길 가는 자는 멈추지 않고, 쌓는 일꾼들은 피곤해하니, 그대의 노래가 癸의 훌륭함만 못한 것은, 무엇 때문인가?" 하니, 〈射稽가〉 대답하기를 "왕께서는 功을 헤아려보십시오." 하였다. 좋은 약은 입에 쓰지만, 지혜로운 자가 권면하여 마시게 하는 것은, 〈그 약이〉 몸에 들어가면 자기 병을 낫게 한다는 것을 알기 때문이다. 충성스런 말은 귀에 거슬리지만, 현명한 군주는 들어주니, 〈그 말을 들으면〉 공을 이룬다는 것을 알기 때문이다.

8-6 項羽本紀 항우본기(《史記》)

吾起兵 至今八歲矣 身七十餘戰 所當者破 所擊者服 未嘗敗北 遂霸有天下 然今卒困於此 此天之亡我 非戰之罪也 今日固決死 願爲諸君快戰 必三勝之

【훈음】 **身** 몸소 **신** **當** 맞서다 **당** **擊** 치다 **격** **嘗** 일찍이 **상**
霸 으뜸(무력으로 제후의 우두머리가 된 사람) **패**

내(項羽)가 군사를 일으킨 것이 오늘에 이르기까지 8년이다. 몸소 〈치른〉 칠십여 번의 싸움에서 맞선 자는 깨뜨리고 공격한 자는 굴복시켜 패배한 적이 없어서[11] 마침내 패자로서 천하를 소유하였다. 그러나 지금 갑자기 여기에서 곤경에 처하였으니, 이는 하늘이 나를 망하게 하는 것이지, 〈내가〉 싸우기를 잘못

11 未嘗 : 〈일찍이〉 ~한 적이 없다.

한 것이 아니다.[12] 오늘 진실로 죽기를 결심하고 그대들을 위하여 통쾌하게 싸워 반드시 세 번 승리하기를 원하노라.

【출처】 (2015 개정)미래엔 22과

8-7 桃園結義 도원결의(《三國演義》)

三人焚香再拜而說誓曰 念劉備關羽張飛 雖然異姓 結爲兄弟 同心協力 救困扶危 上報國家 下安黎庶 不求同年同月同日生 只願同年同月同日死 皇天后土 以鑑此心 背義忘恩 天人共戮 誓畢 共拜玄德爲兄 關某次之 張飛爲弟

【훈음】 焚 불사르다 분　劉 성씨 유　然 분명히 연　黎 검다 려
　　　后 임금 후　戮 죽이다 륙　畢 마치다 필

세 사람이 향을 피워 두 번 절하고 기뻐하며 맹세하여 말하였다. "생각건대, 유비·관우·장비는 비록 분명히 성을 달리하나 형제가 되기를 결의하였으니 마음을 같이하고 힘을 합하여 곤궁한 사람을 구제하고 위태로운 사람을 도와주며 위로는 국가에 보답하고 아래로는 백성[13]을 편안케 하리라. 같은 해·같은 달·같은 날에 태어남을 구하지는 못했으나 다만 같은 해·

---

12 【이해】 자신이 나선 전투에서는 평생 한 번도 지지 않았던 항우였지만, 단 한 번의 패배가 결국 영원한 패배가 되고 말았다. 그 순간 항우가 던진 말은, "내가 전투를 못 해서가 아니라 하늘이 나를 망하게 하는 것이다."였다.

13 黎庶 : 백성.

같은 달·같은 날에 죽기를 원하노니 황천후토[14]께서는 다만 이 마음을 살피시어 〈세 사람이〉 의리를 배반하고 은덕을 잊으면 하늘과 사람이 〈세 사람을〉 함께 죽이소서." 맹세가 끝나자, 현덕[15]에게 함께 절하여 형으로 삼고 관우[16]가 그다음이 되고, 장비는 아우가 되었다.

【출처】 (2015 개정)지학사 21과

8-8 春夜宴桃李園序 춘야원도리원서(李白)

夫天地者 萬物之逆旅 光陰者 百代之過客 而浮生若夢 爲歡幾何 古人秉燭夜遊 良有以也 況陽春 召我以煙景 大塊 假我以文章 會桃李之芳園 序天倫之樂事 群季俊秀 皆爲惠連 吾人詠歌 獨慚康樂 幽賞未已 高談 轉淸 開瓊筵以坐花 飛羽觴而醉月 不有佳作 何伸雅懷 如詩不成 罰依金谷酒數

【훈음】 宴 잔치 연　秉 잡다 병　燭 촛불 촉　良 진실로 량
以 이유, 까닭 이　召 부르다 소　芳 꽃답다 방
俊 뛰어나다 준　詠 읊다 영　慚 부끄럽다 참　轉 더욱 전
瓊 옥 경　筵 대자리 연　觴 술잔 상　懷 품다 회
罰 벌하다 벌

---

14 皇天后土 : 하늘의 신과 땅의 신.

15 玄德 : 유비의 字.

16 關某 : 관우를 가리킴.

무릇 천지는 만물의 여관[17]이요, 세월[18]은 영원한 시간의 나그네이다. 허나 덧없는 인생[19]은 꿈과 같으니, 즐거움을 누린다 한들 얼마나[20] 되겠는가? 옛사람이 촛불을 잡고 밤에 논 것은 진실로 까닭이 있었다. 하물며 화창한 봄[21]은 아지랑이 피는 경치[22]로 나를 부르고, 천지[23]는 문장을 나에게 빌려주었음에랴? 복사꽃과 오얏꽃이 핀 아름다운 동산에 모여, 천륜[24]의 즐거운 일을 펼치니, 여러 아우들[25]은 뛰어나 모두 惠連[26]이 되었는데, 나의 읊는 노래는 홀로 康樂에게 부끄럽구나. 그윽한 감상이 그치지 않음[27]에 고상한 담론이 더욱 맑아진다. 옥처럼 아름다운 자리[28]를 펼쳐 꽃 앞에 앉고, 날개 모양 술잔[29]을 날려 달 아래에 취하니, 아름다운 작품이 있지 않다면 어찌 고상한 회포를 펴겠는가? 만약 시를 짓지 못한다면 벌주는 금곡의 술

---

17 **逆旅**: 나그네를 맞이하는 곳. → 여관.

18 **光陰**: 햇빛과 그늘. → 세월.

19 **浮生**: 떠도는 인생. → 덧없는 인생.

20 **幾何**: 얼마나.

21 **陽春**: 따뜻한 봄. 화창한 봄.

22 **煙景**: 아지랑이가 아물거리는 아름다운 봄 경치.

23 **大塊**: 天地.

24 **天倫**: 하늘이 맺어 준 질서. → 형제.

25 **群季**: 여러 아우. '季'는 '아우'를 뜻함.

26 **謝惠連**과 **謝靈運**은 친족 형제간으로, 중국 六朝 때 宋나라의 시인이다.

27 **未已**: 아직 그치지 않음

28 **瓊筵**: 옥 대자리. → 화려하고 아름다운 자리.

29 **羽觴**: 날개 모양의 귀가 달린 술잔.

잔 수[30]를 따르리라.

【출처】 (2015 개정)금성출판사 22과, (2015개정)천재교과서 23과

8-9 雜說 잡설(韓愈, 〈雜說〉)

世有伯樂然後 有千里馬 千里馬 常有 而伯樂不常有 故雖有名馬 秖辱於奴隸人之手 駢死於槽櫪之間 不以千里稱也 馬之千里者 一食或盡粟一石 食馬者 不知其能千里而食也 是馬 雖有千里之能 食不飽 力不足 才美不外見 且欲與常馬等 不可得 安求其能千里也 策之不以其道 食之 不能盡其材 鳴之 不能通其意 執策而臨之曰 天下 無良馬 嗚呼 其眞無馬耶 其眞不識馬耶

【훈음】 **秖** 다만 **지** **隸** 종 **례** **駢** 나란하다 **병/변**
石 섬(10말로, 대략 180리터) **석** **食** 먹이다 **사**
策 채찍, 채찍질하다 **책**

세상에 백락[31]이 있은 뒤에야 천리마가 있으니, 천리마는 항상

---

30 **金谷酒數** : 술자리에서 받는 벌주. 晉나라 石崇이 金谷의 별장에 손님들을 초대하여 잔치를 베풀고 시를 짓지 못하는 사람에게 罰酒로 술 3말을 먹인 데서 유래된 말이다.

31 **伯樂** : 周나라 사람으로 본명은 孫陽. 백락은 본래 전설에 나오는 天馬를 주관하는 별 이름인데 손양이 말을 워낙 잘 다루는 까닭에 그렇게 불린 것이라고 함.

있지만 백락은 항상 있는 것은 아니다. 그러므로 비록 명마가 있다고 하더라도 단지 노예[32]의 손에서 모욕을 당하고 말구유와 마판[33] 사이에서 〈보통 말들과〉 나란히 죽어, 천리마로 일컫지 못한다. 말이 천 리를 가는 것은 한 끼에 어떤 때는 곡식 한 섬을 다 먹는데, 말을 먹이는 자가 그 말이 천 리를 갈 수 있는 줄을 알지 못하고 먹인다. 이 말이 비록 천 리를 가는 능력이 있어도 먹는 것이 배부르지 못하고, 힘이 부족하여 재주의 뛰어남이 겉으로 드러나지 않으니, 또 보통 말과 같이 되려고 해도 될 수가 없으니, 어찌[34] 그것이 천 리를 갈 수 있기를 구하겠는가? 말을 채찍질하기를 말의 도(말을 대하는 마땅한 방법)로써 하지 않고, 말을 먹이기를 말의 재주를 다할 수 없게 하며, 말이 울어도 말의 〈우는〉 뜻을 통하지(알지) 못하고 채찍을 잡고 말에게 임하여 말하기를 "천하에 좋은 말이 없다." 하니 아! 참으로 말이 없는 것인가? 아니면 참으로 말을 알아보지 못하는 것인가?[35]

【출처】 미래엔 18과, (2015개정)금성출판사 23과,
(2015개정)미래엔 20과, (2015개정)비상교육 23과,
(2015개정)지학사 24과, (2015개정)씨마스 24과

8-10 師說 사설(韓愈, 〈師說〉)

古之學者必有師 師者 所以傳道授業解惑也

---

32 奴隸(종 례) = 奴僕 : 종. 하인.

33 槽櫪(말구유 조, 말구유 력) : 말구유와 마판.

34 安A也 : 어찌 A하겠는가?

35 其A耶 其B耶 : A인가? 아니면 B인가?

人非生而知之者 孰能無惑 惑而不從師 其爲惑也終不解矣 生乎吾前 其聞道也固先乎吾 吾從而師之 生乎吾後 其聞道也亦先乎吾 吾從而師之 吾師道也 夫庸知其年之先後生於吾乎 是故無貴無賤 無長無少 道之所存 師之所存也

【훈음】 庸(=何) 무엇 용

옛날에 배우던 자들에게는 반드시 스승이 있었으니, 스승이란 道를 傳授하고 學業을 敎授하고 疑惑을 풀어주는 사람이다. 사람이 배우지 않고도 아는 사람[36]이 아니면, 그 누가 의혹이 없겠는가? 의혹이 있는데도 스승을 찾아가 〈가르침을 청하지〉 않는다면, 그 의혹이 끝내 풀리지 않을 것이다. 나보다 먼저 출생하여, 道를 들은 것이 본래 나보다 먼저라면, 나는 찾아가서 그를 스승으로 섬기고, 나보다 뒤에 출생하였어도, 도를 들은 것이 나보다 먼저라면, 나는 찾아가서 그를 스승으로 섬길 것이다. 나는 道를 스승으로 삼는 것이니, 그 출생이 나보다 먼저인지 나중인지를 알아서 무엇하겠는가? 그러므로 신분의 貴賤이나, 나이의 長少를 막론하고, 道가 있는 곳이, 스승이 있는 곳이다.

【출처】 (2015개정) YBM 24과

---

36 生而知之 : 《논어》 〈季氏〉에서 공자가 "태어나면서 아는 자가 상등이고, 배워서 아는 자가 다음이요, 이해하지 못하지만 배우는 자가 또 그 다음이니, 이해하지 못하는 데도 배우지 않으면 백성으로서 하등이 된다.〔生而知之者 上也 學而知之者 次也 困而學之 又其次也 困而不學 民斯爲下矣〕"라고 하였다.

8-11 師說 사설(韓愈, 〈師說〉)

巫醫樂師百工之人 不恥相師 士大夫之族 曰師曰弟子云者 則群聚而笑之 問之 則曰 彼與彼年相若也 道相似也 位卑則足羞 官盛則近諛 嗚呼 師道之不復可知矣 巫醫樂師百工之人 君子不齒 今其智乃反不能及 其可怪也歟 聖人無常師 孔子師郯子, 萇弘, 師襄, 老聃 郯子之徒 其賢不及孔子 孔子曰 三人行 則必有我師 是故弟子不必不如師 師不必賢於弟子 聞道有先後 術業有專攻 如是而已 李氏子蟠年十七 好古文 六藝經傳 皆通習之 不拘於時 學於余 余嘉其能行古道 作師說以貽之

【훈음】 諛 아첨하다 유　嘉 훌륭하다 가　貽 주다 이

무당과 의사, 樂師와 온갖 工人들은 서로 스승으로 삼아 배우는 것을 수치로 여기지 않는데, 士大夫 족속들은 '스승'이라 하고 '제자'라고 하는 자가 있으면 떼지어 비웃는다. 비웃는 까닭을 물으면 "저 사람과 저 사람은 나이도 서로 비슷하고, 道도 서로 비슷하기 때문이다."라고 한다. 지위가 낮은 〈사람을 스승으로 삼으면〉 수치스럽다고 하고 관직이 높은 〈사람을 스승으로 삼으면〉 아첨에 가깝다고 하니 아! 師道가 회복되지 않을 것을 알 수 있다. 무당과 의사, 樂師와 온갖 工人은 君子가 同列로 여기지 않는 무리인데도,[37] 지금 그 지혜가 도리어 그들에게 미칠 수 없으니 참으로 괴이하도다. 聖人은 일정한 스승이 없으셨다. 孔子께서 郯子[38]·萇弘·師襄·老聃[39]을 스승으로 삼으셨으나, 郯子 등은 그 賢能함이 孔子에 미치지 못하였다. 孔子께서 "세 사람이 함께 길을 가면 반드시 나의 스승이 있다."라 하셨다. 그러므로 제자가 반드시 스승만 못한 것만은 아니고 스승이 반드시 제자보다 나은 것만은 아니다. 도를 깨달음에 先後가 있고 학문에 專攻이 있기 때문에 이와 같을 뿐이다. 李氏의 아들 蟠이[40] 나이 17세에 古文을 좋아하여 六經[41]의 經文과 傳文을 모두 막힘없이 익혔다. 時俗에 구애되지 않고 나에게 와서 배우니 나는 그가 옛 道를 행하는 것을 가상히 여겨 〈師說〉을 지이 주노라.

【출처】(2015 개정)동아출판 16과

---

37 君子不齒(같은 부류, 나란히 서다 치) : 군자는 무당이나 의원을 賤視하여 同列로 인정하지 않는다는 말이다.

38 孔子師郯子 : 郯은 春秋 때에 작은 나라였다. 郯子는 郯國의 임금이다. 《春秋左氏傳》에 의하면, 魯 昭公 17년에 郯子가 와서 朝見하니, 昭公이 잔치를 열어 그와 술을 마셨다. 昭公이 담자에게 "少皞氏는 새의 이름으로 官職의 이름을 삼았으니, 이는 무슨 까닭인가?"라고 물으니, 담자가 말하기를 "소호씨는 나의 祖上이니, 내가 그 까닭을 압니다."라고 대답하였다. 仲尼께서 이 말을 들으시고 담자를 찾아가 謁見하고서 그에게 옛 官制를 배우셨다고 한다.

39 萇弘師襄老聃 : 萇弘은 周 敬王 때의 大夫인데, 공자께서 그에게 음악을 배우셨다. 師襄은 魯나라의 樂官인데, 공자께서 그에게 琴을 배우셨다. 老聃은 老子인데, 공자께서 그에게 禮를 물으셨다.

40 李氏子蟠 : 이반은 韓愈의 제자로 貞元 19년(803)에 進士試에 급제하였다.

41 六藝 = 六經 : 《시경》·《서경》·《주역》·《周禮》·《禮記》·《春秋》.

8-12 朋黨論 붕당론(歐陽脩, 〈朋黨論〉)

君子與君子 以同道爲朋 小人與小人 以同利爲朋 此自然之理也 然臣謂小人無朋 惟君子則有之 其故 何哉 小人 所好者利祿也 所貪者財貨也 當其同利之時 暫相黨引 以爲朋者僞也 及其見利而爭先 或利盡而交疏 甚者反相賊害 雖其兄弟親戚 不能相保

【훈음】 謂 생각하다 위　故 까닭 고　暫 잠시 잠　反 도리어 반
賊 해치다 적

군자는 군자와 도를 같이 함으로써 벗이 되고, 소인은 소인과 이익을 같이 함으로써 벗이 되니, 이것이 자연의 이치입니다. 그러나 신은 '소인은 벗이 없고, 오직 군자이면 벗이 있다'고 생각합니다. 그 까닭이 무엇이겠습니까? 소인은 좋아하는 것이 이익과 녹봉이요, 탐하는 것이 재물입니다. 그 이익을 같이 하는 때를 당하여, 잠시 서로 당으로 이끌어서[42] 벗으로 삼는 것은 거짓입니다. 그 이익을 발견하여서 앞을 다투거나[43] 혹 이익이 소진되어서 사귐이 소원해짐[44]에 이르게 되면, 심한 자는 도리어 서로 해치니[45], 비록 그 형제나 친척이라도 서

42 黨引 : 당으로 삼아 끌어들임.

43 爭先 : 앞을 다툼.
爭先恐後 : 남에게 뒤질세라 서로 앞을 다툼.

44 交疏 : 사귄 정이 얕음. 교분이 깊지 아니함.

45 賊害 : 해침.

로 보존해[46] 주지 못합니다.

【출처】 장원교육 25과

8-13 前赤壁賦 전적벽부(蘇軾)

蘇子曰 客亦知夫水與月乎 逝者如斯 而未嘗往也 盈虛者如彼 而卒莫消長也 蓋將自其變者而觀之 則天地曾不能以一瞬 自其不變者而觀之 則物與我皆無盡也 而又何羨乎 且夫天地之間 物各有主 苟非吾之所有 雖一毫 而莫取 惟江上之淸風 與山間之明月 耳得之而爲聲 目遇之而成色 取之無禁 用之不竭 是 造物者之無盡藏也 而吾與子之所共適

【훈음】 逝 갈 서 瞬 눈 깜짝이다 순 羨 부러워하다 선
竭 다하다 갈 藏 감추다 장

蘇軾이 말했다. "손님은 또한 저 물과 달을 아는가? 〈강물은〉 흘러가는 것이 이와 같은데도 일찍이 다 가 버린 적이 없으며, 〈달은〉 찼다 기우는 것이 저와 같은데도 끝내 사라지거나 더 자라지 않는다. 대개 변하는 입장에서 본다면 하늘과 땅도 일찌이 한순간도 가만히 있지 못하고, 변하지 않는 입장에서 본다면 사물과 우리 인간도 모두 무궁무진한 것이니, 또 무엇을 부러워하겠는가? 게다가 하늘과 땅 사이에 물건은 각기 주인

46 相保 : 서로 보증함. 함께 보호함.

이 있으니, 만일 나의 소유가 아니면 비록 털끝 하나라도 가져서는 안 된다. 오직 강 위에 부는 맑은 바람과 산 사이에 뜬 밝은 달은 귀로 그것을 들으면 소리가 되고 눈으로 그것을 만나면 빛을 이룬다. 아무리 그것을 가져가도 금하는 이가 없고, 아무리 그것을 써도 다하지 않으니, 이것은 조물주의 다함이 없는 창고요, 나와 그대가 함께 즐기는 것이다."

【출처】 박영사 23과

8-14 檄黃巢書 황소에게 보낸 격문(崔致遠,《桂苑筆耕》)

夫守正修常曰道 臨危制變曰權 智者成之於順時 愚者敗之於逆理……但以好生惡殺 上帝深仁 屈法申恩 大朝令 討官賊者 不懷私忿 諭迷途者 固在直言 飛吾折簡之詞 解爾倒懸之急 汝其無成膠柱 早學見機 善自爲謀 過而能改

【훈음】 **權** 권도 **권**　**諭** 깨우치다 **유**

무릇 바른 것을 지켜 변함없는 덕을 닦는 것을 道라 하고, 위태함에 임하여 변화를 부리는 것[47]을 權이라 하니, 지혜로운 자는 시운을 따르는 것에서 그 일을 이루고 어리석은 자는 이치를 거스르는 것에서 그 일을 망친다.……다만 살려주기를 좋아하고 죽이기를 싫어하는 것은 상제[48]의 깊은 인자함이요, 법

47　**制變**: 사태의 추이에 따라 알맞게 잘 대처함. 변화에 대응함.

48　**上帝**: 하늘. 임금. 먼 옛날의 帝王.

을 굽혀 은혜를 펴는 것은 위대한 조정[49]의 좋은 법도이다. 나라의 도적을 토벌하는 자는 사사로운 분노를 품지 아니하고, 길 잃은 사람[50]을 깨우쳐 주는 자는 진실로 말을 바로 해 줌에 달려 있다. 나의 짧은 편지글[51]을 띄워 너의 거꾸로 매달린[52] 듯한 위급함을 풀어 주려 하노니, 너는 장차 미련한 고집을 부리지[53] 말고, 빨리 기미 살피는 것[54]을 배워, 자신을 위하여 도모하기를 잘한다면, 잘못이 있더라도 고칠 수 있을 것이다.

【출처】 (2015 개정)지학사 23과

8-15 正寶位 보위를 바르게 하다(鄭道傳, 《三峯集》)

天地以生物爲心 所謂生物之心 卽天地之大德也 人君之位 尊則尊矣 貴則貴矣 然天下至廣也 萬民至衆也 一有不得其心 則蓋有大可

49 大朝 : 唐나라 조정을 뜻함.

50 迷途 = 迷塗 : 길을 잃음. 잘못된 길.

51 折簡之詞 : 잘린 반쪽 죽간에 쓴 글. 짧고 보잘것없는 글을 비유하여 겸손하게 표현한 말.

52 倒懸 = 倒縣 : 거꾸로 매달림. 매우 困苦함.
倒懸之急 : 거꾸로 매달린 듯이 다급함(몹시 困苦함).

53 膠柱 = 膠柱鼓瑟 : 기러기발을 아교로 붙여 음의 고저를 조절할 수 없게 하고 瑟을 연주함(고지식하여 조금도 융통성이 없음).

54 見機(기미 기) = 見幾 : 미세한 조짐을 보고 앞일을 예견함. 낌새를 알아차림.
見幾而作 = 見機而作 : 조짐이나 낌새를 살펴보고 적절한 시기에 행동함.

慮者存焉 下民至弱也 不可以力劫之也 至愚也 不可以智欺之也 得其心則服之 不得其心則去之 去就之間 不容毫髮焉 然所謂得其心者 非以私意 苟且而爲之也 非以違道干譽而致之也 亦曰仁而已矣

【훈음】 **違** 어기다 **위** **干** 구하다 **간** **譽** 명예 **예**

천지는 만물을 생성시키는 것을 本心으로 삼으니, 이른바 '만물을 생성시키는 마음[55]'이 바로 천지의 큰 덕인 것이다. 임금의 자리는 높기로 말하면 높고 귀하기로 말하면 귀하다. 그러나 천하는 지극히 넓고 만민[56]은 지극히 많다. 한 번 그들의 마음을 얻지 못하면 아마 크게 염려할 일이 생기게 될 것이다. 下民[57]은 지극히 약한 존재이지만 힘으로 겁주어서는 안 되며, 〈백성은〉 지극히 어리석지만 지혜로써 속여서는 안 된다. 그(백성) 마음을 얻으면 복종하게 되고, 그 (백성) 마음을 얻지 못하면 그(임금)를 떠나간다. 〈백성들이〉 떠나가고 나아가는 사이에 털끝[58]만큼도 용납되지 않는다. 그러나 이른바 '그 마음을 얻는다'는 것은 사사로

---

55 **生物之心** : 《孟子》〈公孫丑 上〉 제6장 集註에서 朱熹는 "천지는 만물을 내는 것으로 마음을 삼으니, 태어난 물건들이 인하여 각기 천지의 만물을 내는 마음을 얻어서 그것으로 마음을 삼았다. 이 때문에 사람들은 모두 사람을 차마 해치지 못하는 마음을 가지고 있다.〔天地以生物爲心 而所生之物因各得夫天地生物之心以爲心 所以人皆有不忍人之心也〕"라고 하였다.

56 **萬民** : 모든 백성.

57 **下民** : 백성. 세상사람.

58 **毫髮** : 터럭. 아주 작음.

운 뜻으로 구차하게 하여 되는 것도 아니며 도를 어기고 명예를 구하여 이르게 하는 것도 아니다. 또한 仁일 뿐이다.

【출처】(2015 개정)천재교과서 15과

8-16 精言妙選序 정언묘선 서문(《栗谷全書》)

人聲之精者爲言 詩之於言 又其精者也 詩本性情 非矯僞而成 聲音高下 出於自然 三百篇曲盡人情 旁通物理 優柔忠厚 要歸於正 此詩之本源也 世代漸降 風氣漸淆 其發爲詩者未能悉本於性情之正 或假文飾 務說人目者多矣 余數年抱病 居閒處獨 殿屎之隙 時搜古詩 備得衆體 患詩源久塞 末流多岐 學者睢盱 眩亂莫尋 其路 乃敢採其最精而可法者集爲八篇 加以圈點 名曰精言妙選

【훈음】淆 혼탁하다 효 搜 찾다 수 岐 갈림길 기

사람 소리의 순수한 것이 말이 되니 시란 말에 있어서 또한 순수한 것이다. 시는 性情에 바탕을 두는 것이니, 속이고 꾸며서[59] 이루는 것이 아니다. 소리의 높고 낮음은 자연스러움에서 나오니, 《詩經》은 사람의 정을 진부 다 드러내어[60] 사물의 이지

59 矯僞(속이다 교) : 위조함. 거짓.

60 曲盡 : 간곡하고 자세함. 남김없이 다함.
曲盡其情 : 사정을 간곡하게 다 말함. 자세한 사정을 다 앎.

에 널리 통하고[61] 성실함과 순후함[62]을 넉넉하게 하였으니,[63] 요약하여 말하자면 바른 곳으로 돌아갔음이니 이것이 시의 근원이다. 세대가 점차 지나서 기풍이 점차 혼탁해지자 그 性情이 드러나 시가 된 것은 성정의 바름에 전부 바탕 둘 수 있었던 것만은 아니었다. 그래서 간혹 아름답게 꾸밈[64]을 빌려서 사람들의 눈을 기쁘게 하도록 힘쓴 것이 많아졌도다. 나는 여러 해 동안 병을 앓고,[65] 한가로이 거하고 홀로 있으면서 신음[66]하는 사이에 때때로 古詩를 찾아 여러 詩體를 모두 다 얻었다.[67] 시의 근원이 오래도록 막혀 말기[68]에 갈림길이 많아 배우는 자들이 눈을 부릅떠도[69] 혼란스러워[70] 그 길을 찾아내질 못함을 근심하였다. 그래서 감히 가장 순수해서 본받을 만한 것을 채집하니 모아서 8권이 되었고 권점[71]을 첨가하고서[72] 《정언묘선》이라

---

61 **旁通**: 두루 통달함.

62 **忠厚**: 충직하고 순후함.

63 **優柔**: 마음이 온후하고 너그러움. 조용히 탐색하고 음미함. 유연함.

64 **文飾**: 여러 가지 색깔로 장식함. 화려하게 꾸밈.

65 **抱病** = **抱痾. 抱恙. 抱疹. 抱疾. 抱瘵**: 몸에 병이 있음. 병을 앓음.

66 **殿屎**(신음하다 히): 괴로워서 신음함.

67 **備得**: 모두 다 얻음.

68 **末流**: 강의 하류. 말기. 후배.

69 **睢盱**(부릅떠보다 휴, 우): 중후하고 질박한 모양. 눈을 부릅뜨고 쳐다보는 모양.

70 **眩亂**(아찔하다 현): 혼미함. 어지러움.

71 **圈點**: 벼슬아치를 임명할 때에 선발을 맡은 사람들이 각기 望單子에 적힌 후보자의 성명 아래에 찍는 둥근 점(권점의 수가 많은 사람이 뽑힌다). 문장 중 중요한 글자 옆에 치는 동그라미나 점이나 句讀로

이름 지었다.

8-17 立志 뜻을 세우다(《擊蒙要訣》 立志章)

初學 先須立志 必以聖人自期 不可有一毫自小退託之念 蓋衆人與聖人 其本性則一也 雖氣質不能無淸濁粹駁之異 而苟能眞知實踐 去其舊染而復其性初 則不增毫末而萬善具足矣 衆人豈可不以聖人自期乎 故孟子道性善 而必稱堯舜以實之曰 人皆可以爲堯舜 豈欺我哉

【훈음】 粹 순수하다 수 駁 섞이다 박 實 밝히다 실

처음 배우는 사람은, 모름지기 뜻을 세우되, 반드시 聖人이 되겠다고 스스로 기약하여, 털끝만큼이라도 자신을 작게 여겨서[73] 핑계 대려는[74] 생각을 가져서는 안 된다. 보통 사람이나 성인이나, 그 본성은 마찬가지이다. 비록 기질은 맑고 흐림과 순수하고 잡됨의 차이가 없을 수 없지만, 만약 참되게 알고[75] 실천하여, 옛날에 물든 나쁜 습관을 버리고 그 본성의 처음을 회

서 찍는 동그라미.

72 加以: 덧붙여. 그러한 데다가.

73 自小: 자신이 스스로를 부족하게 여김.

74 退託 = 退托: 꽁무니를 빼면서 핑계 댐. 양보함.

75 眞知: 참된 지식. 정확하고 깊이 있는 인식. 《莊子》 〈大宗師〉에 "有眞人而後有眞知"라고 하였다.

복한다면, 털끝[76]만큼도 보태지 않고서 온갖 선이 넉넉히 갖추어질 것이니, 보통 사람들이 어찌 성인을 스스로 기약하지 않을 수 있겠는가? 그 때문에 맹자께서는 모든 사람의 본성이 착하다고 주장하시되, 반드시 요임금과 순임금을 일컬어 실증하시며 "사람은 모두 요임금이나 순임금처럼 될 수 있다."고 말씀하셨으니, 어찌 우리를 속이셨겠는가?

凡人自謂立志 而不卽用功 遲回等待者 名爲立志 而實無向學之誠故也 苟使吾志 誠在於學 則爲仁由己 欲之則至 何求於人 何待於後哉 所貴乎立志者 卽下工夫 猶恐不及 念念不退故也 如或志不誠篤 因循度日 則窮年沒世 豈有所成就哉

【훈음】 下 손을 대다 하

무릇 사람들이 '스스로 뜻을 세웠다'고 말하되, 곧바로 노력하지[77] 않고, 미적거리면서[78] 뒷날을 기다리는[79] 까닭은, 말로는 뜻을 세웠다고 하나, 실제로는 배움을 향한 정성이 없기 때문이다. 만일[80] 나의 뜻이, 진실로 배움에 있다면, 仁을 실천하는 일은 자기에게 말미암는 것이어서, 인을 실천하고자 하면 〈인

76 **毫末**: 터럭의 끝(지극히 미세함). 붓끝.

77 **用功**(노력하다 공): 노력을 기울임.

78 **遲回**(지체하다 지) = **遲廻. 遲徊**: 머뭇거리며 결정하지 못함.

79 **等待**(기다리다 등): 기다림.

80 **苟使**: 만약.

이 곧바로〉 이르게 되니,[81] 어찌 남에게서 구하며, 어찌 후일을 기다리겠는가? 立志를 중시하는 까닭은, 〈입지를 확고히 하면〉 곧바로 공부에 착수하여, 오히려 미치지 못할까 염려해서, 항상 공부할 것을 생각하여 물러서지 않게 되기 때문이다. 만약[82] 뜻이 성실하고 독실하지 못하여, 그럭저럭 옛 습관을 답습하면서[83] 세월만 보낸다[84]면, 수명을 다하여[85] 세상을 마친들, 어찌 성취하는 바가 있겠는가?

8-18 豪民論 호민론(許筠, 《惺所覆瓿稿》)

天下之所可畏者 唯民而已 民之可畏 有甚於水火虎豹……夫天之立司牧 爲養民也 上之人恬不知畏 以我國無豪民也

【훈음】 恬 편안하다 념

천하에 두려워해야 할 것은 오직 백성일 뿐이다. 백성이 두려운 것은 홍수나 화재, 호랑이, 표범보다 심하다.……대저 하늘

81 爲仁由己 欲之則至:《논어》〈顔淵〉에서 "인을 실천하는 것은 나로부터 말미암는 것이지 다른 사람으로부터 말미암는 것이겠는가!〔爲仁由己 而由人乎哉〕"라고 한 대목과, 《논어》〈述而〉에서 "인이 멀리 있는가? 내가 인을 바라면 인이 이른다〔仁遠乎哉 我欲仁 斯仁至矣〕"고 한 대목을 합쳐서 만든 문장이다.

82 如或:미치. 만약.

83 因循:꾸물댐. 이럭저럭 지냄. 계승함. 옛것을 지킴.

84 度日:날을 보냄.

85 窮年:수명을 다함. 한평생. 일년 내내.

이 목민관[86]을 세운 것은 백성을 기르기 위함이다. 윗사람이 편안해하며 두려워할 줄 모르는 것은 우리나라에는 호민[87]이 없기 때문이다.

【출처】 천재교육 20과

8-19 奴隷 노예(柳馨遠《磻溪隨錄》)

今我國 以奴婢爲財 夫人者同類 豈有人以人爲財之理 古者 問國之富 數馬以對 是雖天子諸侯 只是爲理人之任 而未嘗以人爲己財物也 今本國之俗 則問人之富 必以奴婢田地爲言 於此亦可見其法之非而俗之痼也

【훈음】 理 다스리다 리　任 임무 임　痼 고질병 고

지금 우리나라는 노비를 재물로 여긴다. 무릇 사람이란 같은 부류이니, 어찌 사람이 사람을 재물로 여기는 이치가 있겠는가? 옛날 국가의 부유함을 물으면 말의 수를 세어 대답했으니, 이것은 비록 천자나 제후라 할지라도, 다만[88] 사람을 다스리는 임무만 하였을 뿐, 일찍이 사람을 자신의 재물로 여기지 않았던 것이다. 이제 우리나라[89]의 풍속은 사람의 부유함을 물으면

---

86 司牧 : 백성을 맡아 기르는 사람, 즉 지방관이나 임금을 가리킴.

87 豪民 : 허균의 〈호민론(豪民論)〉에서 '호민'은 자신이 받는 부당한 대우와 사회 모순에 과감하게 대응하는 백성을 뜻한다.

88 只是 : 다만 ~할 뿐이다.

89 本國 : 우리나라.

반드시 노비와 전답[90]으로 말하니, 여기에서 또한 그 법이 그릇되고 풍속이 병들었음을 볼 수 있다.

【출처】 동아출판 20과

8-20 西浦漫筆 서포만필(金萬重)

人心之發於口者爲言 言之有節奏者 爲歌詩文賦 四方之言 雖不同 苟有能言者 各因其言而節奏之 則皆足以動天地通鬼神 不獨中華也 今我國詩文 捨其言而學他國之言 設令十分相似 只是鸚鵡之人言 而閭巷間 樵童汲婦 咿啞而相和者 雖曰鄙俚 若論眞贋 則固不可與學士大夫所謂詩賦者 同一而論 況此三別曲者 有天機之自發 而無夷俗之鄙俚 自古左海眞文章 只此三篇 然又就此三篇而論之 則後美人尤高 關東前美人 猶借文字語 以飾其色耳

사람의 마음이 입으로 드러난 것이 말이요, 말에 절주[91]가 있는 것이 노래와 시와 문장과 부이다. 사방의 말이 비록 같지 않으나 만약 말할 수 있는 사람이 있어 각기 그들의 말로 절주하면 모두 천지를 감동시키고 귀신을 감통시키리니 유독 중화만이 아니다. 지금 우리나라의 시문은 우리나라의 말

90 田地 : 전답(밭과 논).

91 節奏 : 소리의 高低·長短·輕重.

을 버리고서 다른 나라의 말을 〈모방하여〉 익히니 설령[92] 몹시[93] 비슷하더라도 다만 앵무새가 흉내 내는 사람의 말일 뿐이다. 그러나 민간[94]의 나무하는 아이들과 물 긷는 아낙네들이 흥얼거리며[95] 서로 주고받는 것은, 비록 '상스럽다'고 하나, 만약 참과 거짓으로 말한다면 진실로 학사대부의 이른바 '詩賦'라고 하는 것과 동일하다 말할 수는[96] 없을 것이다. 하물며 이 세 별곡은 천지의 자연스럽고 드러남이 있어 우리나라 풍속의 상스러움이 없으니 예로부터 우리나라[97]의 참 문장은 다만 이 세 편뿐이다. 그러나 또한 이 세 편에 나아가 논한다면 〈속미인곡〉이 가장 우뚝하다. 〈관동별곡〉과 〈사미인곡〉은 오히려 문자를 빌려 얼굴색을 꾸민 것일 뿐이다.

8-21 野鵝 하늘에 올라 떠나간 거위(李瀷《星湖全書》)

人有畜野鵝者 多與煙火之食 鵝便體重 不能飛 後忽不食 人以爲病 益與之食 而不食 旬日而體輕 淩空而去 翁聞之曰 智哉 善自保也

---

92 設令 : 가령. 만약.

93 十分 : 부족함이 없이 충분함. 매우. 전부.

94 閭巷 : 골목이나 거리. 마을. 민간.

95 咿啞(글 읽는 소리 이, 아이의 서툰 말 아) : 옹알옹알. 어린이가 말 배우는 소리.

96 同一而論 = 同日而論. 同日. 同日語. 同日而道. 同日而語. 同日而言 : 성질이 다른 것을 함께 논함.

97 左海 : 渤海의 동쪽(우리나라).

【훈음】與 주다 여 便 곧 변

사람 중에 들 거위[98]를 기르는 사람이 있었는데, 불에 익힌 음식[99]을 많이 주어 거위가 곧 몸이 무거워져 날아갈 수 없었다. 후에 문득 먹지 않으니, 사람들이 병이 난 것이라고 여겨,[100] 더욱 거위에게 음식을 주었으나 먹지 않았다. 열흘[101] 만에 몸이 가벼워져 하늘에 올라[102] 떠나갔다. 노인이 이를 듣고서 말하였다. "지혜롭구나! 스스로 지키기[103]를 잘하는구나."

【출처】장원교육 13과, (2015개정)미래엔 8과

8-22 北學議 북학의(朴齊家, 《北學議》)

夫財 譬則井也 汲則滿 廢則竭 故不服錦繡 而國無織錦之人 則女紅衰矣 不嫌窳器 不事機巧 而國無工匠陶冶之事 則技藝亡矣 以至農荒而失其法 商薄而失其業 四民俱困 不能相濟 國中之寶 不能容於域中 而入於異國 人日益富而我日益貧 自然之勢也

【훈음】汲 긷다 급 竭 마르다 갈 嫌 싫어하다 혐

98 野鵝(거위 아): 들 거위.

99 煙火: 연기와 불. 익힌 음식.

100 以爲: ~라고 여기다.

101 旬日: 10일. 비교적 짧은 시일.

102 淩空(올라가다 릉): 하늘에 닿음. 공중에 높이 솟음.

103 自保: 스스로 보호함. 자신을 보존함.

窳 이지러지다 **유** **匠** 장인 **장** **俱** 모두 **구**

무릇 재화는 비유하면 우물 〈같은 것〉이다. 길으면 차고 버려두면 마르게 된다. 그러므로 화려한 비단옷[104]을 입지 않아서 나라에 비단 짜는 사람이 없게 되면, 여인들의 길쌈일[105]이 쇠퇴하게 된다. 조잡한 그릇을 싫어하지 않고 교묘한 재주[106]를 일삼지 않아서 나라에 장인이 질그릇을 굽고 쇠를 불리는 일[107]이 없게 되면 기예가 쇠망하게 된다. 심지어 농사가 황폐해져서 바른 법을 잃고 장사가 이익이 박해져서 일을 잃게 되는 지경에 이르다. 사민(士農工商)이 모두 곤궁하여 서로 돕지를 못하고, 나라 안의 보배가 역내에서 수용되지 못하여 다른 나라로 들어간다. 남들은 날마다 더욱 부유해지지만 우리는 날마다 더욱 가난해지게 되는 것이 자연스런 형세인 것이다.

【출처】 (2015개정)이젠교육 26과

8-23 毉山問答 의산문답(洪大容, 《湛軒書》)

虛子曰 天地之生 惟人爲貴 今夫禽獸也草木也 無慧無覺 無禮無義 人貴於禽獸 草木賤於禽獸 實翁仰首而笑曰 爾誠人也 五倫五事

104 **錦繡**(수놓다 수) = **錦綉**: 무늬와 색채가 정교하고 아름다운 비단.

105 **女紅** = **女工**: 방직·자수·재봉 따위의 일. 또는 그 일에 종사하는 여성.

106 **機巧**: 교활한 음모. 교묘한 기계 장치.

107 **陶冶**: 도기를 굽고 쇠붙이를 제련함.

人之禮義也 羣行呴哺 禽獸之禮義也 叢苞條暢 草木之禮義也 以人視物 人貴而物賤 以物視人 物貴而人賤 自天而視之 人與物均也

【훈음】 呴 으르렁거리다 포 哺 먹다 포 叢 떨기 총
苞 더부룩이 나다 포

허자가 말하길 "천지의 생물 중에 오직 사람이 귀합니다. 저 금수나 초목은 지혜도 깨달음도 없으며, 예법도 의리도 없습니다. 사람이 금수보다 귀하고, 초목이 금수보다 천한 것입니다." 실옹은 고개를 젖히고[108] 웃으면서 말하기를, "너는 진실로 사람이로군. 五倫과 五事[109]는 사람의 禮義이고, 떼를 지어 다니면서 으르렁거리며 먹이는 것은 금수의 예의이며, 떨기로 나서 무성한[110] 것은 초목의 예의이다. 사람으로써 物을 보면 사람이 귀하고 물이 천하지만, 물로써 사람을 보면 물이 귀하고 사람이 천하다. 하늘이 보면 사람이나 물이 마찬가지이다.

【출처】 천재교육 18과

8-24 天圓而地方 하늘은 둥글고 땅은 모나다

(洪大容,《湛軒書》)

---

108 仰首 : 머리를 위로 젖힘
仰首伸眉 : 머리를 위로 젖히고 眉間을 활짝 폄. 태도가 거만하거나 의기양양한 모습.

109 五事 : 다섯 가지 제왕이 修身 항목(생긴 모양, 말하는 것, 보는 것, 듣는 것, 생각하는 것).

110 條暢(펴다 창) : 무성함.

虛子曰 古人云天圓而地方 今夫子言 地體正圓 何也 實翁曰 甚矣 人之難曉也 萬物之成形 有圓而無方 況於地乎 月掩日而蝕 於日蝕體必圓 月體之圓也 地掩日而蝕 於月蝕體亦圓 地體之圓也 然則月蝕者 地之鑑也 見月蝕而不識地圓 是猶引鑑自照而不辨其面目也 不亦愚乎 虛子曰 地之非中 謹聞命矣 敢問銀河何界也 實翁曰 銀河者 叢衆界以爲界 旋規於空界 成一大環 環中多界 千萬其數

【훈음】 環 고리 환

허자가 말하길 "옛 사람들이 '하늘은 둥글고 땅은 네모나다'고 하였는데, 지금 선생님께서는 '땅의 형체가 정말 둥글다'라고 말씀하시니, 어찌 된 것입니까?" 실옹이 말하길 "심하도다! 사람들의 깨우치기 어려움이여. 만물의 이루어진 형체는, 둥근 것은 있어도 네모난 것은 없는데, 하물며 지구에 있어서랴! 달이 해를 가려 먹어 들어가니, 일식에서 그 형체가 반드시 둥근 것은, 달의 모양이 둥글기 때문이다. 땅이 해를 가려서 먹어 들어가니, 월식에서 그 형체가 역시 둥근 것은, 지구의 모양이 둥글기 때문이다. 그렇다면 월식은 지구의 거울이다. 월식을 보고서도 지구가 둥글다는 것을 알지 못한다면, 이것은 거울을 끌어당겨 스스로 비춰 보되 그 얼굴과 눈을 분별하지 못하는 것과 같으니, 또한 어리석이 않은가?" 허자가 말하길 "지구가 〈세상의〉 중심이 아님을 삼가 가르침을 들었습니다.[111] 감히 묻으니 은하는 어떤 세계입니까?" 실옹이 말하길 "은하라는 것은 많은 세계가 모여 〈한〉 세계를 이룬 것이다. 텅 빈 공간을 둥글게 돌면서[112] 하나의 큰 고리를 이룬다. 고리 안에는 많은 세계가 있으니 그 수가 천만이다."

【출처】 (2015개정)이젠교육 25과

8-25 三辭刑曹參議 仍陳勉君德疏

세 번째 형조 참의를 사직하고 이어서 임금의 덕을 면려하기를 진언하는 소(李象靖, 《大山集》)

如賞廉而不退貪 則廉者懷恥 進忠而不遠佞 則忠者屛跡 必斥貪而遠佞 然後忠廉可得以用矣

【훈음】 廉 청렴하다, 청렴한 사람 렴 進 등용하다 진
佞 아첨하다 녕 斥 물리치다 척

〈정조 5년, 형조 참의 李象靖은 임금이 사람을 쓸 때 지켜야 할 도리를 다음과 같이 상소하였다.〉 만약 청렴한 사람을 상주면서 탐욕스러운 사람을 물리치지 않으면 청렴한 사람이 수치스러운 마음을 지니게 되고,[113] 충성스러운 사람을 등용하면서 아첨하는 사람을 멀리하지 않으면 충성스러운 사람이 자취를

---

111 聞命(가르침 명) : 명령이나 가르침을 받음(그래서 잘 알고 있음).

112 旋規(그림쇠 규) : 둥글게 돎.

113 懷恥 : 치욕을 견디어냄. 수치를 느낌.

감출[114]것이니, 반드시 탐오한 자를 내치고 아첨하는 자를 멀리 한 연후에야 충성스럽고 청렴한 사람이 등용될 수 있습니다.

【출처】 동아출판 19과, (2015개정)천재교과서 16과

8-26 一夜九渡河記 하룻밤에 황하를 아홉 번이나 건너다(朴趾源, 《熱河日記》)

遼河未嘗不鳴 特未夜渡爾 晝能視水 故目專於危 方惴惴焉 反憂其有目 復安有所聽乎 今吾夜中渡河 目不視危 則危專於聽 而耳方惴惴焉 不勝其憂 吾乃今知夫道矣 冥心者 耳目不爲之累 信耳目者 視聽彌審而彌爲之病焉

【훈음】 惴 두려워하다 췌 反 도리어 반 累 누 루 彌 더욱 미 審 살피다 심 病 병폐 병

요하는 일찍이 울지 않은 적이 없었으나 〈울지 않은 것처럼 보이는 것은〉 단지 밤에 건너지 않았을 뿐이다. 낮에는 강물을 볼 수가 있다. 그러므로 눈이 위험한 데 오로지 쏠려 바야흐로 벌벌 떨고 있다. 도리어 눈이 있음에 근심이거늘 다시 어찌 들리는 것이 있겠는가? 지금 내가 밤중에 요하를 건넘에 눈으로 위험을 보지 못하니 위험이 들리는 데 쏠려 귀가 두려워함에 그 근심을 이기지 못하겠다. 나는 이제야 저 도를 알겠다. 마음을 고요히 가지는 사람[115]은 귀와 눈이 누가 되지 않고, 귀와 눈을 믿는 사

---

114 屛跡(감추다 병, 자취 적) = 屛迹 : 자취를 감춤.

115 冥心(고요히하다 명) : 俗念을 없애고 마음을 고요하게 함.

람은 보고 듣는 것이 더욱 자세할수록 더욱 병폐가 된다.

【출처】 (2015 개정)천재교과서 21과

8-27 答蒼厓 창애에게 답함(朴趾源《燕巖集》)

還他本分 豈惟文章 一切種種萬事摠然 花潭出 遇失家而泣於塗者曰 爾奚泣 對曰 我五歲而瞽 今二十年矣 朝日出往 忽見天地萬物淸明 喜而欲歸 阡陌多歧 門戶相同 不辨我家 是以泣耳 先生曰 我誨若歸 還閉汝眼 卽便爾家 於是閉眼扣相 信步卽到

본분으로 돌아가 이를 지키는 것이, 어찌 문장에 관한 일뿐이리요? 일체 오만 가지 것이 모두 다 그러하다오. 花潭 徐敬德이 밖에 나갔다가, 제집을 잃어버리고 길에서 우는 자를 만나서 "너는 어찌 우느냐?" 했더니, 대답이 "저는 다섯 살 적에 소경이 되었는데, 그런지 지금 20년이 되었습니다. 아침나절에 밖을 나왔다가, 갑자기 천지 만물을 환하게 볼 수 있게 되었습니다. 기뻐서 집으로 돌아가려는데, 길[116]에 갈림길이 많고, 대문들이 서로 같아서, 제집을 구분할 도리가 없습니다. 그래서 울고 있습니다." 하기에, 선생이 "내가 너에게 돌아갈 방도를 가르쳐 주마. 다시 네 눈을 도로 감으면, 바로 네 집이 나올 것이다." 했습니다. 이에 〈소경이〉 눈을 감고 지팡이로 더듬으며, 빌

116 阡陌(길 천, 맥) : 밭 사이의 길. 南北으로 난 것을 阡, 東西로 난 것을 陌이라 함.

길 가는 대로 걸어가니 제집을 오게 되었더라오.

8-28 鐘街記 종로 저자의 풍경(金世禧 〈鐘街記〉)

街上之貨品 有數焉 中州之貨 皆稱爲唐 而唐之貨 精而緻 淡而華 雅而無脆 巧而有制 故貴之爲上 而倭貨之精細妙麗 次之 國之貨 率多麤劣 終未臻精 且或倣唐而不眞 故品居下焉 豈唯其山澤之需 有不如中州而然也 顧其人工 亦有所未盡者 蓋國俗 畵地以局人矣 地高者 知亦以高 地卑者 知亦以卑 勢固然也 而地高者 雖窮寒無賴 濱塡邱壑 猶自介然閉知 不肯與於工商之事 是以國之一切工作 擧出於下之不學無識之人 人旣無識 何能妙其用而精其工哉 此貨之所以不美者也

【훈음】 **貨** 물건 **화** **緻** 꼼꼼하다 **치** **脆** 무르다 **취** **麤** 거칠다 **추**
臻 이르다 **진** **需** 필요한 물건 **수** **工** 솜씨 **공**
地 신분, 지위 **지** **局** 구분 **국** **濱** 가깝다 **빈** **塡** 메우다 **전**

〈운종가(雲從街)〉 거리의 물건은 거기에 몇 가지가 있다. 중국의 물건은 모두 당나라 물건이라 부르는데, 당나라 물건은 정교하면서도 치밀하고 담백하면서도 화려하며 우아하면서도 무른 것이 없고 공교로우면서도 제도가 있어서 그러므로 그것을 귀하게 여겨 上品으로 친다. 그리고 일본 물건의 정교하고 섬세하며 교묘하고 수려한 것이 그 다음(中品)이다. 우리나라 물건은 대부분[117] 거칠고 졸렬하여 끝내 정교한 데 이른 것이 없고 또한 간혹 당나라 물건을 모방하더라도 참되지 못하니 그러므로 품등이 그 중에서 아래(下品)에 있다. 어찌 오직 그 산과 강에서 나는 일용 필수품들이 중국만 못한 것이 있어서 그런 것뿐이겠는가? 도리어 그 사람의 솜씨에 또한 미진한 것이 있어서이다. 대개 우리나라 풍속은 지체를 구획지어서 사람을 〈특정 신분이나 직업에〉 국한시킨다. 지체가 높은 자는 앎이 또한 그 때문에 높고 지체가 낮은 자는 앎이 또한 그 때문에 낮으니, 〈이는〉 형세가 본디 그러한 것이다. 그러나 지체가 높은 자는 비록 곤궁하고 빈한하여 의지할 데가 없어서 〈그의 시세가 곧〉 신골찌기를 메울 지경에 임박하였는데도 오히려 스스로 꿋꿋하게[118] 앎을 막아버리고는 공상의 일에 참여하려고 하지 않는다. 그래서 나라의 일체 수공업 제품[119]들이 모두 아래의〈지체가 낮은〉 불학무식한 사람에게서 나온다. 사람이 원래 무식한데 어찌 그 쓰임을 교묘하게 하고 그 공작을 정교하게 할 수 있겠는가? 이것이 〈우리나라〉 물건이 훌륭하지 못한 까닭이다.

【출처】 (2015 개정)동아출판 17과

8-29 廷臣祛黨申飭敎 조정 신하들에게 당파를 제거하라고 신칙하는 하교(正祖, 《弘齋全書》)

117 率多 : 대부분.

118 介然(굳게 지키다 개) : 지조가 굳어 동요되지 않는 모양.

119 工作 : 제작함.

近者 戚里之害永除 世道之憂少紓 而惟此一事 實爲未勘之案 從今以後 凡玆事我廷臣 無曰此黨彼黨 無曰緩論峻論 一切滌去舊習 咸造大同之域……自今 予當於用舍之際 不以黨目二字 先著胸中 惟其人是視 用賢而捨不肖

【훈음】 紓 느슨하다 서　案 안건 안　從 ~부터 종　凡 모두 범
玆 이 자　緩 느슨하다 완　峻 준엄하다 준　咸 다 함
造 이르다 조

근래 척리[120]의 폐단은 영원히 없어졌고 世道의 근심은 조금 덜었는데, 오직 이 한 가지 일이 실로 아직 바로잡지[121] 못한 안건으로 남아 있다. 지금 이후로부터, 모든 이 일에 우리 조정의 신하들은 "이 당이다, 저 당이다." 말하지 말고, "온건한 주장이다, 강경한 주장이다." 말하지 말아, 일체 낡은 습관을 씻어 없애고,[122] 모두 대동[123]의 경지로 나아가라. 지금부터 나는 〈인재를〉 쓰고 버릴[124] 때를 당하여, 黨目[125] 두 글자를 먼저 가슴 속에 담아 놓지 않을 것이요, 오직 그 사람만을 살펴서 뛰어난 이를 등용하고 어리석은 이[126]를 내칠 것이다.

---

120 戚里 : 제왕의 外戚이 모여 사는 곳(임금의 외척).

121 未勘(바로잡다 감) : 아직 끝마감을 하지 못함.

122 滌去(씻다 척) : 씻어서 버림.

123 大同 : 천지 만물과 융합하여 하나가 됨.

124 用舍 = 用捨 : 벼슬에 임용되거나 임용되지 않음.

125 黨目 : 당파의 파벌.

126 不肖 : 못나고 어리석은 사람.

8-30 人物 인물(正祖, 《弘齋全書》)

天下無無一能之人 若聚十百人 而各用其長 便爲通才 如此 則世無棄人 人無棄才矣

천하에 한 가지 능력도 없는 사람은 없다. 만약 열 명 백 명의 사람을 모아 각기 그의 장점을 쓴다면,[127] 통달한 재주[128]가 될 것이다. 이와 같게 하면 세상에 버려지는 사람이 없고, 사람에게는 버려지는 재주[129]가 없을 것이다.

【출처】 장원교육 17과

8-31 農兒壙志 요절한 농아의 무덤에 바치는 마음

(丁若鏞, 《與猶堂全書》)

辛酉之冬 果川之店 汝母抱汝而送我 汝母指我曰 彼爾父 汝從而指我曰 彼吾父 而父之爲父 汝實未知 其可哀已 鄰人之去 寄硏螺二枚 令遺汝 汝母之書曰 汝每康津人至 索硏螺 不得 意甚沮 及其死而硏螺至 其可悲也 汝貌秀削 鼻之左有小黑子 其笑也 雙牙尖 嗟乎 吾唯思汝貌 不妄以報汝

---

127 若A便 : 만약 A한다면(=若A則)

128 通才 : 두루 통하는 재주.

129 棄才 : 버려지는 재주.

【훈음】 店 여관 점　硏 깨끗하다 안　螺 소라 라　枚 낱 매
　　　沮 꺾이다 저　尖 뾰족하다 첨

신유년(1801) 겨울에, 과천의 여관에서 네 어미가 너를 안고서 나를 전송할 때, 너의 어미가 나를 가리키며 "저분이 내 아버지시다."라고 말하였다. 네가 따라서 나를 가리키며 "저분이 나의 아버지다."라고 했으나, 아버지가 아버지인 줄을 너는 실제로 알지 못하였으니 애석할 뿐이다. 이웃사람이 가는 편에 깨끗한 소라껍데기 두 개를 부쳐 너에게 주라고 하였는데, 네 어미의 편지에 "네가 강진에서 사람이 올 때마다, 소라껍데기를 찾다가 받지 못하면 크게 실망하였는데, 죽음에 이르러 소라껍데기가 도착했습니다."라고 하였으니, 참으로 슬픈 일이다. 네 모습은 깎아 놓은 듯 빼어나,[130] 코 왼쪽에 작고 검은 점이 있고, 웃으면 양쪽 송곳니가 뾰족하게 드러났다. 아! 나는 오직 네 모습만 생각날 뿐, 거짓 없이 너에게 말하노라.

【출처】 (2015 개정) 씨마스 23과

8-32 答淵兒 연아에게 답하다(丁若鏞, 《與猶堂全書》)

天下有兩大衡 一是非之衡 一利害之衡也 於此兩大衡 生出四大級 凡守是而獲利者 太上也 其次 守是而取害也 其次 趨非而獲利也 最下者 趨非而取害也……吾生而還故土命也 吾生而不能還故土亦命也 雖然 不修人事 但

130 秀削 : 높고 가파름. 청수하고 수척함.

待天命 誠亦非理 余則修人事旣盡 修人事旣盡 而終不能歸 則是亦命耳

【훈음】級 등급 급 獲 얻다 획 趨 좇다 추 非 그르다 비

천하에는 두 가지 큰 기준[131]이 있는데 하나는 옳고 그름의 기준이요, 다른 하나는 이익과 손해의 기준이다. 이 두 가지 큰 기준에서 네 종류의 큰 등급이 생기는 것이다. 무릇 옳음을 지키고 이익을 획득하는 것이 최고[132]이고 그 다음은 옳음을 지키다가 해를 취함이고 그 다음은 그름을 좇아 이익을 획득함이고 가장 아래는 그름을 좇다가 해를 취함이다. 내가 살아서 고향에 돌아가는 것도 운명이요, 내가 살아서 고향에 돌아갈 수 없는 것도 또한 운명이다. 비록 그렇다고 해도 사람으로서 할 수 있는 일을 하지 않고서 다만 천명만을 기다리는 것도 진실로 이치에 맞지 않는 것이다. 나는 사람으로서 할 수 있는 일을 이미 다 했거늘 사람으로서 할 수 있는 일을 이미 다 했는데도 끝내 돌아갈 수 없다면 이 또한 운명일 뿐이다.

【출처】(2015개정) YBM 23과

8-33 答二兒 두 아이에게 답하다(《與猶堂全書》)

書來慰意 仲兒 筆法稍勝 文理亦有進 年齒之德耶 抑或以時肄習耶 切勿自暴 極意勤力 讀書鈔書著書 無或放過也 廢族而不文無禮

131 大衡(저울대 형) : 큰 기준.

132 太上 : 가장 위. 최고.

尤當如何 比凡人 須加百倍之功 纔得數作人類耳 吾苦狀甚多 然聞汝輩能讀書飭躬 斯無憂耳 伯兒須於四月旬後 買馬騎來 然別懷 預關此心耳

【훈음】 慰 위로하다 위 稍 조금 초 抑 아니면 억 鈔 베끼다 초
纔 겨우 재 飭 삼가다 칙 懷 마음 회 預 미리 예
關 거치다 관

편지가 오니 마음에 위안이 된다. 둘째 아이[133]는 筆法이 조금 나아지고, 문리[134] 또한 진보가 있으니, 나이[135]의 덕분이냐? 아니면 혹 때에 맞게 배우고 익혀서[136] 그런 것이냐? 절대로 自暴自棄하지 말고, 뜻을 다하여 부지런히 힘써서, 책을 읽고 책을 베끼고 글을 짓는 일에 혹시라도 소홀함[137]이 없도록 하여라. 폐족[138]이면서 글을 배우지 않고 예의가 없다면, 더욱이 마땅히 어찌 되겠느냐? 보통 사람에 비해 모름지기 백배의 공력을 더하여야만, 겨우 사람 축에 들게 될[139] 수 있을 뿐이다. 나는 고생[140]이 매

---

133 仲兒 : 둘째 아이.

134 文理 : 글의 뜻을 깨달아 아는 힘.

135 年齒 : 나이.

136 肄習(익히다 이) : 배우고 익힘.

137 放過 : 【白】 버림. 포기함.

138 廢族 : 조선 시대에, 죄를 지은 사람과 그의 후손은 廢族이라고 하여 벼슬을 할 수 없게 하였음.

139 得數 : 구하는 數를 얻음.

140 苦狀 : 고생스러운 사정이나 형편. 괴로움.

우 많다. 그러나 너희들이 책을 읽거나 몸가짐을 삼가는 것을 잘 한다고 들으면, 근심이 없어질 것이다. 큰아이[141]는 모름지기 4월 초열흘이 지난 뒤에, 말을 사서 타고 오도록 하여라. 그러나 이별의 슬픈 마음이 벌써 이 마음에 걸리는구나.

【출처】(2015 개정)비상교육 22과

8-34 寄二兒 두 아이에게 부치다(《與猶堂全書》)

汝稼 才氣聽記 視吾少遜 然汝十歲所作 殆吾二十時所不能作 近數歲前所爲 往往非今日之吾所能及 豈不以其門徑之不迂回 聞見之不鹵莽耶 自汝谷山歸後 使汝習科文 一代文人韻士之愛惜汝者 咸咎吾多慾 吾亦自視欿然 今汝旣不能赴科 卽科文已忘憂矣 吾意汝已爲進士矣 已爲及第矣 識字而無科擧之累 與爲進士及第者 奚擇焉 汝眞得讀書時矣

【훈음】視 견주다 시 遜 못하다 손 殆 거의 태 咎 탓하다 구
欿 불만스러워하다 감 赴 나아가다 부

稼야. 너는 재주[142]와 총명[143]이 나에게 견주어 조금 못하지만, 네가 열 살 때 지은 글은 거의 내가 스무 살 때에도 짓지 못했던

---

141 伯兒 : 첫째 아이.

142 才氣 : 재주와 氣魄. 재주가 있는 기질.

143 聰記 : 기억을 잘함. 뛰어난 기억력.

것이며, 근래 몇 해 전에 지은 것은 오늘날 나로서도 지을 수 없는 것이 더러 있으니, 〈이것은〉 어찌 〈네가 공부한〉 길이 멀리 우회하지[144] 않았고, 문견이 조잡하지[145] 않은 때문이 아니겠느냐? 네가 谷山으로부터 돌아온 뒤로, 나는 너에게 科文을 익히라고 하였는데, 그 당시 너를 아끼던 文人이나 韻士[146]들이 모두 나의 욕심이 많음을 탓하였고, 나도 또한 스스로 겸연쩍었었다. 지금 너는 이미 과거에 응시할 수 없게 되었으니, 곧 과문에 대해 이미 근심을 잊게 된 것이다. 나는 네가 이미 진사가 되었고, 이미 급제하였다고 생각한다. 글자를 알되(지식을 갖고 있으면서) 과거에 얽매임이 없는 것이 진사가 되고 급제가 된 사람과 무엇이 다르겠느냐[147]? 너는 진정 글을 읽을 시간을 얻은 것이다.

8-35 寄兩兒 두 아이에게 부치다(《與猶堂全書》)

我所不施 以望人之先施 是汝傲根猶未除也 玆後留心 於平居無事之日 恭睦愼忠 務得諸家之歡心 而心中絶不留望報底苗脈 日後汝有所憂患而彼不報 汝心中切勿懷恨 一直推恕之曰 彼適有事相妨 不然 力不及耳 口中切勿作輕儇語曰 我曾若是若是 彼乃如此如此

144 迂回(돌다 우) = 迂迴 : 곧바로 가지 않고 멀리 돎.

145 鹵莽(소금밭 로, 풀 망) : 황폐한 들녘의 풀(황폐함). 거칠고 경솔함.

146 韻士(운치 운) : 운치가 있는 사람. 시인.

147 奚擇 = 何擇 : 무엇이 다르겠는가?

此語一發 從前積功積德 一朝被他一句語吹了 作風中灰飛去耳

【훈음】 傲 거만하다 오 底(=之) 適 마침 적 妨 거리끼다 방

내가 베풀지 않고 남이 먼저 베풀기를 바라는 것은 이것은 너희의 오만한 근성이 아직도 제거되지 않은 것이다. 이로 유념[148]하여 평소[149] 일이 없을 때에 공손하고 화목하며 삼가고 충실하여 여러 집안의 환심을 얻도록 힘써야 하고 마음속에 절대로 보납을 바라는 실마리[150]도 남기지 않아야 한다.[151] 이후로는 너희들에게 우환이 있는데도 저들이 돌보지 않더라도 너희들은 절대 마음에 한을 품지 말고 언제나 한결같이[152] 너그러이 용서하여[153] '저 사람이 마침 거리끼는 일이 있어서일 것이고 그렇지 않으면 힘이 미치지 못하기 때문일 것이다.' 하고 절대로 입에 경솔한[154] 말을 올려 '나는 일찍이 이렇게 이렇게 해 주었는데, 저 사람은 이렇게 이렇게 한다.'고 하지 말아라. 이러한 말을 한번 하면 그동안 쌓아놓은 공덕이 하루아침에 바람에 날리는 재가 되어 날아가 버리고 말 것이다.

【출처】 (2015개정)이젠교육 23과

---

148 留心 : 관심을 가짐.

149 平居 : 평소.

150 苗脈 : 일의 실마리(일이 일어날 단서).

151 絶不 : 절코 ~않다.

152 一直 : 언제나 한결같이. 끊임없이 계속.

153 推恕 : 은혜를 베풀어 너그러이 용서함.

154 輕儇(약다 현) : 경박함. 경망스러움.

8-36 瘟疫流行 전염병이 유행할 때(《牧民心書》)

凡瘟疫傳染 皆由鼻孔 嗅其病氣 凡避疫之法 當以不嗅氣爲限界 思患而預防 又愈於旣災而施恩

【훈음】 孔 구멍 공　嗅 냄새 맡다 후　預 미리 예　愈 낫다 유

무릇 전염병[155]이 옮음[156]은 모두 콧구멍으로 그 병 기운을 들이마셨기 때문이다. 무릇 전염병을 피하는 방법은 마땅히 〈그 병〉 기운을 들이마시지 않도록 〈환자와〉 일정한 거리[157]를 지켜야 한다. 환란을 생각하고 미리 막음이 재앙을 당한[158] 뒤에 은혜를 베푸는 것보다 더 낫다.

【출처】 동아출판 18과

8-37 牧民心書序 목민심서 서

昔舜紹堯 咨十有二牧 俾之牧民 文王立政 乃立司牧 以爲牧夫 孟子之平陸 以芻牧喩牧民 養民之謂牧者 聖賢之遺義也 聖賢之敎

---

155 瘟疫(전염병 온, 역) : 사철의 고르지 못한 기후 때문에 생기는 급성 전염병의 하나.

156 傳染 : 병이 남에게 옮음.

157 限界 : 일정한 거리나 경계.

158 旣 : '이미, 벌써'라는 뜻으로, 여기서는 '〈이미〉 겪다, 당하다'라는 의미로 풀이한다.

原有二途 司徒教萬民 使各修身 大學教國子 使各修身而治民 治民者牧民也 然則君子之學 修身爲半 其半牧民也 聖遠言堙 其道寖晦 今之司牧者 唯征利是急 而不知所以牧之 於是下民羸困 乃瘰乃瘯 相顚連以實溝壑 而爲牧者 方且鮮衣美食以自肥 豈不悲哉

【훈음】紹 잇다 소　咨 묻다 자　芻 꼴 추　堙 묻히다 인
寖 점차 침　瘰 옴 라　瘯 옴 족

옛날 중국의 舜임금은 堯임금이 뒤를 이어, 12牧[159]에게 물어, 그들로 하여금 백성을 다스리게[160] 하였고, 〈周나라〉 文王이 정치를 할 때는, 司牧(지방 장관)을 세워, 수령[161]으로 삼았으며, 孟子는 平陸에 가서, 가축 사육하는 것을 백성 다스리는 데 비유하였으니,[162] 〈이로 미루어 보면〉 백성 다스리는 것을 牧이라 하는 것은, 성현이 남긴 뜻이다. 성현의 가르침에는, 원래 두 가지 길이 있는데, 〈하나는〉 司徒[163]가 백성들을 가르쳐, 각

---

159 十有二牧：중국 12州의 諸侯, 즉 지방장관. 당시에는 전국을 12주로 나누고 주마다 제후를 두었음.

160 牧民 = 牧人：백성을 다스림.

161 牧夫：지방관. 일설에는, 가축을 기르는 사람.

162 以芻牧喩牧民：“孟子之平陸……曰 今有受人之牛羊而爲之牧之者 則必爲之求牧與芻矣 求牧與芻而不得 則反諸其人乎 抑亦立而視其死與”(《孟子》〈公孫丑 下〉)

163 司徒：周代 六卿의 하나. 地官大司徒라고도 함. 禮教로 백성을 교화시키는 일을 맡아보았음.

각 修身하도록 하는 것이고, 〈또 하나는〉 太學에서 國子(公卿大夫의 자제)를 가르쳐, 각각 몸을 닦고 백성을 다스리도록 하는 것이니, 백성을 다스리는 것이 바로 목민인 것이다. 그렇다면 군자의 학문은, 수신이 그 반이요, 반은 백성 다스리는 것이다. 성인의 시대가 이미 오래되었고 성인의 말도 없어져서, 그 道가 점점 어두워졌다. 요즈음의 지방 장관은, 이익을 추구하는 데만[164] 급급하고, 〈어떻게〉 백성을 다스려야 할 것인지는 모르고 있다. 이 때문에 백성들은 곤궁하고 피폐하여,[165] 마침내 병이 들어, 매우 고달 퍼하며[166] 〈굶어죽은 시체가〉 구렁텅이에 가득한데도, 지방 장관이 된 자들은, 한창 좋은 옷과 맛있는 음식으로 자기만 살찌우고 있으니, 어찌 슬픈 일이 아니겠는가?

【출처】 (2015 개정)미래엔 23과

8-38 田論 전론(《與猶堂全書》)

今欲使農者得田 不爲農者不得之 則行閭田之法 而吾志可遂也 何謂閭田 因山谿川原之勢 而畫之爲界 界之所函 名之曰閭 閭三爲里 里五爲坊 坊五爲邑 閭置閭長 凡一閭之田 令一閭之人咸治厥事 無此疆爾界 唯閭長之命是聽

164 征利 : 이익을 취함. 《孟子》〈梁惠王 上〉의 "王曰 何以利吾國 大夫曰 何以利吾家 士庶人曰 何以利吾身 上下交征利而國危矣"에 대한 趙岐의 注에 "征 取也"라고 하였다.

165 羸困(파리하다 리) : 지치고 고달픔. 야위고 지침.

166 顚連 : 몹시 고달픔. 매우 곤궁함.

【훈음】 閭 마을문 려 遂 이루다 수 畫 긋다 획 函 포함하다 함
坊 동네 방 疆 지경 강

이제 농사를 짓는 사람들로 하여금 田地를 얻도록 하고, 농사를 짓지 않는 사람에게는 田地를 얻지 못하도록 한다면, 閭田의 법[167]을 시행하여야만 나의 뜻을 이룰 수 있을 것이다. 무엇을 여전이라 하는가? 산골짜기와 川原[168]의 형세를 가지고 경계를 그어 만들고는, 그 경계의 안을 閭라 이름하고, 閭 셋을 里라 하며, 里 다섯을 坊이라 하고, 坊 다섯을 邑이라고 한다. 閭에는 여장을 두고, 무릇 1閭의 田地는 1閭의 사람들로 하여금 다 함께 그 전지의 일을 다스리되, 피차의 강계가 없이 하고, 오직 여장의 명령만을 따르도록 한다.[169]

每役一日 閭長注於冊簿 秋旣成 凡五穀之物悉輸之閭長之堂 分其糧 先輸之公家之稅 次輸之閭長之祿 以其餘配之於日役之簿 假令得穀爲千斛 而注役爲二萬日 則每一日分糧五升 有一夫焉 其夫婦子媳注役共八百日 則

167 閭田之法 : 周나라 제도에 25家를 1閭라 하는데, 이제 그 이름을 빌려 대략 30가에서 약간 나가고 들어감이 있게 하고, 또한 반드시 그 율을 일정하게 하지는 않는다.
閭田論 : 실학자 丁若鏞이 주장한 토지 제도 이론. 한 마을을 단위로 하여 토지를 공동으로 소유하고 경작하며, 그 수확량을 노동량에 따라 분배하는 공동 농장 제도를 주장하였다.

168 川原 : 내의 근원. 하천과 평원. 강.

169 唯A是B : 오직 A만을 B하다.

其分糧爲四十斛 有一夫焉 其注役十日 則其分糧四斗已矣 用力多者得糧高 用力寡者得糧廉 其有不盡力以賭其高者乎 人莫不盡其力 而地無不盡其利 地利興則民產富 民產富則風俗惇而孝悌立 此制田之上術也

【훈음】 注 기록하다 주 悉 다 실 輸 나를 수 配 나누다 배
斛 휘(10말) 곡 升 되 승 媳 며느리 식 廉 적다 렴
賭 벌다 도 惇 도탑다 순 制 제정하다 제

매양 하루하루 役事할 때마다, 여장은 〈그 일수를〉 장부[170]에 기록하여 둔다. 그래서 추수 때에는, 그 오곡의 곡물을 모두 여장의 당에 운반하여 그 양곡을 나누는데, 먼저 공가의 세를 바치고, 그 다음은 여장의 녹을 바치고, 그 나머지를 가지고 날마다 역사한 내용대로 장부에 의해 분배한다. 가령 곡식을 수확한 것이 천곡이고 그 장부에 기록된 역사한 일수가 2만 일이면, 매양 하루당 양곡 5승을 분배하게 된다. 어떤 사람의 경우 그 부부와 아들과 며느리의 장부에 기록된 역사 일수가 모두 8백 일이면, 그 분배된 양곡은 40곡이 되고, 또 어떤 사람의 경우 그 장부에 기록된 역사 일수가 10일면, 그 분배된 양곡은 4두뿐인 것이다. 노력을 많이 한 사람은 양곡을 많이 얻게 되고, 노력이 많지 않은 사람은 양곡을 적게 얻게 되니, 어찌 그 힘을 다하여 많은 양곡을 타려고 하지 않을 사람이 있겠는가?[171] 사람들이 모두 그 힘을 다함으로써 토지에

170 冊簿 : 장부.

171 其A乎 : 豈A乎와 같다.

서도 그 이익을 다 얻게 될 것이다. 토지의 이익이 일어나면 백성의 재산이 풍부해지고, 백성의 재산이 풍부해지면 풍속이 순후해지고 효·제가 행해지게 될 것이니, 이것이 田地를 다스리는 가장 좋은 방법[172]이다.

8-39 守吾齋記 수오재기(《與猶堂全書》)

大凡天下之物 皆不足守 而唯吾之宜守也 有能負吾田而逃者乎 田不足守也 有能戴吾宅而走者乎 宅不足守也 有能拔吾之園林花果諸木乎 其根著地深矣 有能攘吾之書籍而滅之乎 聖經賢傳之布于世如水火然 孰能滅之 有能竊吾之衣與吾之糧而使吾窘乎 今夫天下之絲皆吾衣也 天下之粟皆吾食也 彼雖竊其一二 能兼天下而竭之乎 則凡天下之物 皆不足守也 獨所謂吾者 其性善走 出入無常 雖密切親附 若不能相背 而須臾不察 無所不適

【훈음】 拔 뽑다 발 攘 훔치다 양 窘 곤궁하다 군 竭 없애다 갈 凡 모두 범

무릇[173] 천하의 물건은, 모두 지킬 수 없으나, 오직 나만은 마땅히 지켜야 한다. 내 밭을 짊어지고 도망갈 수 있는 사람이 있

---

172 上術 : 가장 좋은 수단과 방법.

173 大凡 : 대개. 요지. 모두.

는가? 밭은 지킬 수 없다. 내 집을 이고 달아날 수 있는 사람이 있는가? 집은 지킬 수 없다. 나의 정원에 있는 꽃나무·과일나무 등 여러 나무를 뽑을 수 있는가? 그 뿌리가 땅에 붙은 것이 깊다. 내 서적을 훔쳐서 그것을 없앨 수 있는가? 聖賢의 經傳이 세상에 퍼진 것이 물과 불처럼 〈흔하니〉, 누가 그것을 없앨 수 있는가? 내 옷과 내 식량을 훔쳐서 나로 하여금 곤궁하게 할 수 있는가? 무릇[174] 온 세상의 실이 모두 내 옷이요, 온 세상의 곡식이 모두 내 음식이니, 저들이 비록 그중에서 한두 개를 훔쳐 간다 하더라도, 온 세상을 아울러 그것을 없앨 수 있는가? 그렇다면 온 세상의 물건은, 모두 지킬 수가 없다. 유독 '나'라는 것은, 그 본성이 잘 달아나서, 나가고 들어옴에 일정함이 없다. 비록 〈관계가〉 밀접하고[175] 친밀하게 붙어 있어,[176] 마치 서로 배반할 수 없을 것 같으나, 잠시라도 살피지 않으면, 가지 않는 곳이 없다.

8-40 趨向正不正 추향의 바름과 바르지 않음

(崔漢綺,《氣測體義》)

趨向自正者 才藝雖鮮 有時可用 趨向旣不正 才藝雖多 適足以助爲亂 凡選擧之求材藝者 爲其可以理人也 材藝雖未多 以正直爲本者

174 今夫 = 今是. 今且 : 發語辭.

175 密切 : 친근함. 엄밀함.

176 親附 : 친근하게 따라붙음. 충심으로 복종함.

以其材有時能理也 材藝雖有餘 其所趨向 未免邪僞 則理人姑捨 反致紊亂 故擇人者先觀趨向之邪正 不可只取其材藝也

【훈음】 鮮 적다 선 適 다만 적

추구하는[177] 것이 스스로 바른 사람은, 재능과 기예가 비록 부족하더라도, 쓸 수 있는 때가 있으나, 추구하는 것이 바르지 못하면, 재예가 비록 많더라도, 다만 난리를 일으키는 것을 도울 수 있을 뿐이다. 무릇 선거[178]가 재예를 요구하는 것은, 그것이 사람을 다스릴 수 있기 때문이다. 재예가 비록 많지 않더라도, 정직을 근본으로 삼는 자는, 그 재목으로 다스릴 때가 있으나, 재예가 비록 남음이 있더라도, 그 지향하는 것이, 어긋나고 거짓됨[179]을 면치 못하면, 사람을 다스리는 것은 제쳐두고, 도리어 어지러운[180] 지경을 초래할 것이다. 그러므로 인재를 선발하는[181] 사람은, 먼저 추구하는 것의 어긋나고 바름을 볼 것이요, 단지 그 재예만을 취해서는 안 된다.

8-41 與李藕船 이우선에게 주다(《阮堂全集》)

太史公云 以權利合者 權利盡以交疏 君亦世

177 趨向 : 방향. 추세. 나아감. 경향.

178 選擧 : 인재를 선발하여 등용하는 일.

179 邪僞 : 사악함과 거짓.

180 紊亂(어지럽다 문) : 어지럽힘. 문란함.

181 擇人 : 인재를 고름. 알맞은 사람을 선택함.

之滔滔中一人 其有超然自拔於滔滔權利之外 不以權利視我耶 太史公之言非耶 孔子曰 歲寒然後 知松栢之後凋 松栢 是貫四時而不凋者 歲寒以前 一松栢也 歲寒以後 一松栢也 聖人 特稱之於歲寒之後

太史公[182]이 말하기를 "권세·이익으로 어울리는 자는, 권세나 이익이 다 떨어지면 사귐이 성글어진다.[183]" 하였는데, 그대 역시 세상의 풍조[184] 속에 한 사람으로서, 초연히[185] 스스로 권세·이익의 테두리 밖에 벗어나서,[186] 권세·이익을 가지고 나를 보지 않는 것인지요? 태사공의 말이 잘못된 것인지요? 孔子 말씀에 "세한을 만난 연후에야 松柏의 後凋를 알게 된다."라 하였는데, 송백은 바로 사시를 일관하여 시들지 않는 것으로서, 세한 이전에도, 하나의 송백이고, 세한 이후에도, 하나의 송백인데, 성인은 특히 세한 이후를 들어 일컬었다오.

【출처】 장원교육 26과

---

182 **太史公**: 前漢 시대의 역사가인 司馬遷을 이름. 흉노와의 전쟁에서 중과부적으로 진 이릉 장군을 변호하다 武帝의 노여움을 사서 宮刑을 받음. 《史記》의 저자로서 중국 '역사의 아버지'라고 일컬어짐.

183 **交疏**: 사귄 정이 얕음. 교분이 깊지 아니함.

184 **滔滔**(넘치다 도): 큰물이 불어나 넘쳐흐르는 모양. 언행이나 사물이 끊이지 않고 이어짐.

185 **超然**: 벗어남.

186 **自拔**(벗어나다 발): 고통이나 죄악에서 스스로 벗어남. 스스로 분발하여 나쁜 습성을 극복함.

8-42 三義士合傳 삼의사합전(李相龍,《石洲遺稿》 권5)

太史氏曰 今之讀三人之蹟者 或惜其謀事不密 以致殞命 或惜其除一敵而喪三士 此皆不知三人之心者也 夫三人者 確知獨立之事不可以速成 事不速則豫備而已 要豫備 不可以不安民 要安民 不可以不除其害 要除其害 不可以不捨其生 所謂殺身以成仁者也 不以死生爲心者也 生無益於國 則生不足爲榮 死有輔於民 則死不足爲慽 所謂勇士 不忘喪其元也 義者宜也 宜除而除 不計其功 宜死而死 不易其志 斯其爲義士哉

【훈음】要 막 ~하려고 하다 요 輔 돕다 보 慽 슬퍼하다 척
元 머리 원

太史氏[187]는 말한다. "지금 세 사람[188]의 행적을 읽은 사람 중에, 或者는 그들이 일을 비밀스럽게 꾀하지 못해 목숨을 잃게[189] 되었다며 안타까워하기도 하고, 或者는 적 하나를 없애면서 세 사람을 잃게 되었다며 애석해하기도 하겠지만, 이것은 모두 그들의 마음을 모르는 것이다. 저 세 사람은 독립하는 일이 급속히

187 太史氏: 史官.

188 三人: 1924년 滿洲에서 순국한 의사 金萬秀·崔炳鎬·柳基東.

189 殞命(죽다 운): 목숨이 끊어짐. 죽음.

이루어질 수 없고, 또 일이 급속히 이루어질 수 없다면 예비[190] 하는 것뿐인데, 예비하려면 국민들을 편안하게 해야 하고, 국민을 편안하게 하려면 해악을 없애야 하고, 해악을 없애려면 목숨이라도 버려야 함을 확실하게 알았으니, 이른바 '殺身成仁'한 사람들이며, 죽고 사는 것을 마음에 두지 않은 사람들이다. 살아서 나라에 이익이 없다면 살아도 영광이 되기에 충분치 않고, 죽어서 백성에게 보탬이 있다면 죽어도 슬픔이 되기에 충분치 않다. 이른바 '용맹한 선비'는 그 머리를 잃을 것을 잊지 않는다. '의'란 것은 마땅함이다. 마땅히 없애야 하여 없애면서 그 공을 계산치 않고, 마땅히 죽어야 하여 죽으면서 그 뜻을 바꾸지 않으니, 이것이 그가 의로운 선비가 되는 이유이다."

【출처】 장원교육 27과

190 豫備(미리 예) : 미리 준비함.

한자한문교육총서 34

한문 正譚 – 교과서 속의 단문·산문·한시 이야기 25,000원

2025년 6월 10일 초판 인쇄
2025년 6월 30일 초판 발행

저자(편저) 원주용 최미선 김수완
관 리 권원오
교 정 백준철 신양선
보 급 신양선
출 판 백준철

발행인 김 현
발행처 사단법인 전통문화연구회
서울 종로구 삼봉로 81 두산위브파빌리온 1332호
전화 : 02-762-8401 전송 : 02-747-0083
전자우편 : juntong@juntong.or.kr
홈페이지 : juntong.or.kr
사이버書堂 : cyberseodang.or.kr
우리인서점 : book.cyberseodang.or.kr
등록 : 1989. 7. 3. 제1-936호
총판 : 한국출판협동조합(070-7119-1750)

ISBN 979-11-05794-438-5 04710
978-89-85395-54-0(세트)

전통문화연구회 도서목록

新編 基礎漢文教材·漢文讀解捷徑

新編 四字小學·推句 고전교육연구실 編譯 11,000원
新編 啓蒙篇·童蒙先習 고전교육연구실 編譯 11,000원
新編 明心寶鑑 李韶坤·元周用 譯註 15,000원
新編 擊蒙要訣 咸賢贊 譯註 12,000원
新編 註解千字文 李忠九 譯註 12,000원
新編 原文으로 읽는 故事成語 元周用 編譯 15,000원
新編 唐音註解選 權卿相 譯註 22,000원
(개정판) 漢文독해기본패턴 고전교육연구실 著 20,000원
논어독해 첫걸음 고전교육연구실 著 17,000원
맹자독해 첫걸음 근간
한문독해첩경 文學篇 朴相水·李和春 외 著 17,000원
한문독해첩경 史學篇 朴相水·李和春 외 著 17,000원
한문독해첩경 哲學篇 朴相水·李和春 외 著 17,000원

五書五經讀本

論語集註 上·下 鄭太鉉 譯註 合 49,000원
孟子集註 上·下 田炳秀 外 譯註 合 60,000원
大學·中庸集註 李光虎 外 譯註 15,000원
小學集註 上·下 李忠九 外 譯註 合 50,000원
詩經集傳 上·中·下 朴小東 譯註 合 90,000원
書經集傳 上·中·下 金東柱 譯註 合 90,000원
周易傳義 元·亨·利·貞 崔英辰 外 譯註 合 120,000원
詳說 古文眞寶大全後集 上·下 李相夏 外 譯註 合 64,000원
春秋左氏傳 上·中·下 許鎬九 外 譯註 合 109,000원
禮記 上·中·下 成百曉 外 譯註 合 90,000원

東洋古典國譯叢書

大學·中庸集註 -개정증보판 成百曉 譯註 12,000원
論語集註 -개정증보판 成百曉 譯註 30,000원
孟子集註 -개정증보판 成百曉 譯註 30,000원
詩經集傳 上·下 成百曉 譯註 合 70,000원
書經集傳 上·下 成百曉 譯註 合 66,000원
周易傳義 上·下 成百曉 譯註 合 80,000원
小學集註 成百曉 譯註 30,000원
古文眞寶 後集 成百曉 譯註 32,000원

東洋古典譯註叢書

〈經部〉

十三經注疏
周易正義 1~4 成百曉 外 譯註 合 147,000원
尙書正義 1~7 金東柱 譯註 合 241,000원
毛詩正義 1~8 (全15) 朴小東 外 譯註 合 288,000원
禮記正義 1~3, 中庸·大學 李光虎 外 譯註 合 117,000원
論語注疏 1~3 鄭太鉉 外 譯註 合 117,000원
孟子注疏 1~4 (全5) 崔彩基 外 譯註 合 124,000원
孝經注疏 鄭太鉉 外 譯註 35,000원
周禮注疏 1~4 (全15) 金容天 外 譯註 合 129,000원
春秋左傳正義 1~2 (全18) 許鎬九 外 譯註 合 59,000원
春秋公羊傳注疏 1 (全7) 宋基采 外 譯註 合 37,000원
春秋左氏傳 1~8 鄭太鉉 譯註 合 255,000원
禮記集說大全 1~6 (全10) 辛承云 外 譯註 合 206,000원
東萊博議 1~5 鄭太鉉 外 譯註 合 172,000원
韓詩外傳 1~2 許敬震 外 譯註 合 65,000원
說文解字注 1~5 (全20) 李忠九 外 譯註 合 172,000원

〈史部〉

思政殿訓義 資治通鑑綱目 1~23 (全39) 辛承云 外 譯註 合 710,000원
通鑑節要 1~9 成百曉 譯註 合 316,000원
唐陸宣公奏議 1~2 沈慶昊 外 譯註 合 88,000원
貞觀政要集論 1~4 李忠九 外 譯註 合 109,000원
列女傳補注 1~2 崔秉準 外 譯註 合 68,000원
歷代君鑑 1~4 洪起殷 外 譯註 合 140,000원

〈子部〉

孔子家語 1~2 許敬震 外 譯註 合 79,000원
管子 1~4 (全5) 李錫明 外 譯註 合 130,000원
近思錄集解 1~3 成百曉 譯註 合 106,000원
老子道德經注 金是天 譯註 30,000원
大學衍義 1~5 (全7) 辛承云 外 譯註 合 148,000원
墨子閒詁 1~7 李相夏 外 譯註 合 267,000원
說苑 1~2 許鎬九 譯註 合 50,000원
世說新語補 1~5 金鎭玉 外 譯註 合 181,000원
荀子集解 1~7 宋基采 譯註 合 238,000원
心經附註 成百曉 譯註 38,000원
顏氏家訓 1~2 鄭在書 外 譯註 合 59,000원
揚子法言 1 (全2) 朴勝珠 譯註 24,000원
列子鬳齋口義 崔秉準·孔勤植·權憲俊 共譯 40,000원
二程全書 1~7 (全8) 崔錫起·外 譯註 合 251,000원
莊子 1~4 安炳周·田好根 共譯 合 143,000원
政經·牧民心鑑 洪起殷·全百燦 譯註 27,000원
韓非子集解 1~5 許鎬九 外 譯註 合 202,000원
武經七書直解
孫武子直解·吳子直解 成百曉 外 譯註 45,000원
六韜直解·三略直解 成百曉 外 譯註 26,000원
尉繚子直解·李衛公問對直解 成百曉 外 譯註 26,000원
司馬法直解 成百曉 外 譯註 26,000원

〈集部〉

古文眞寶 前集 成百曉 譯註 30,000원
唐詩三百首 1~3 宋載卲 外 譯註 合 127,000원
唐宋八大家文抄 韓愈 1~3 鄭太鉉 譯註 合 78,000원
〃 柳宗元 1~2 宋基采 譯註 合 44,000원
〃 歐陽脩 1~7 李相夏 譯註 合 220,000원
〃 王安石 1~2 申用浩·許鎬九 共譯 合 45,000원
〃 曾鞏 宋基采 譯註 25,000원
〃 蘇洵 李章佑 外 譯註 25,000원
〃 蘇軾 1~5 成百曉 譯註 合 110,000원
〃 蘇轍 1~3 金東柱 譯註 合 64,000원
明淸八大家文鈔 1 歸有光·方苞 李相夏 外 譯註 35,000원
〃 2 劉大櫆·姚鼐 李相夏 外 譯註 35,000원
〃 3 梅曾亮·曾國藩 李相夏 外 譯註 38,000원
〃 4 張裕釗·吳汝綸 李相夏 外 譯註 50,000원

東洋古典新譯

당시선 송재소·최경렬·김영죽 편역 24,000원
손자병법 성백효 역주 14,000원
장자 안병주·전호근·김형석 역주 13,000원
고문진보 후집 신용호 번역 28,000원
노자도덕경 김시천 역주 15,000원
고문진보 전집 上·下 신용호 번역 各 22,000원
신식 비문척독 박상수 번역 25,000원
쉽게 배우는 안씨가훈 김창진 편역 23,000원

동양문화총서

동양사상 해설과 원전 정규훈 外 저 22,000원
화합의 길 《중용》 읽기 금장태 저 20,000원
호설과 시장 신용호 저 20,000원
어느 노학자의 젊은 시절 -《고문진보》 選譯 심재기 저 22,000원

문화문고

경전으로 본 세계종교 그리스도교 이정배 편저 10,000원
〃 도교 이강수 편역 13,000원
〃 천도교 윤석산 외 편저 10,000원
〃 힌두교 길희성 편역 10,000원
〃 유교 이가동 편저 10,000원
〃 불교 김용표 편저 22,000원
〃 이슬람 김영경 편역 13,000원
논어·대학·중용 조수익·박승주 공역 13,000원
맹자 조수익·박승주 공역 10,000원
소학 박승주·조수익 공역 10,000원
십구사략 1~2 정광호 저 合 24,000원
무경칠서 손자병법·오자병법 성백효 역 13,000원
〃 육도·삼략 성백효 역 10,000원
〃 사마법·울료자·이위공문대 성백효 역 10,000원
당시선 송재소·최경렬·김영죽 편역 10,000원
한문문법 이상진 저 20,000원
한자한문전통교재 조수익·이성민 공역 13,000원
士小節 선비 집안의 작은 예절 이동희 편역 13,000원
儒學이란 무엇인가 이동희 저 18,000원
동아시아의 유교와 전통문화 이동희 저 13,000원
현대인, 동양고전에서 길을 찾다 이동희 저 10,000원
100자에 담긴 한자문화 이야기 김경수 저 12,000원
우리 설화 1~2 김동주 편역 合 20,000원
대한민국 국무총리 이재원 저 10,000원
백운거사 이규보의 문학인생 신용호 저 14,000원